子どもが変わる　成果がみえる

企業とつくる食育

藤川 大祐 *Daisuke Fujikawa*（千葉大学准教授）編

NPO法人 企業教育研究会 著

インターネットコンテンツの楽しい教材や体験を
取り入れたおススメ！実践事例

はじめに

　子どもたちの食生活が、ひとむかし前から大きく変化してきました。朝食を食べない子ども、好き嫌いの激しい子ども、お菓子ばかり食べて夕食を食べない子ども等、子どもの食生活の中のさまざまな問題が懸念されています。また、子どもに一人で食事をさせていたり、手作りの料理を出さなかったりと、大人の側が解決すべき問題も目立っています。

　食育基本法が施行され、食についての教育である「食育」への関心が高まっています。学校、家庭、地域が協力して食育を進め、子どもたちの食生活を改善し、大人も食へのかかわりをとらえなおすことが課題であることは、間違いありません。

　では、私たちは「食育」をどのように進めればよいのでしょうか。本書では、この問いに対する現段階での答えを提供させていただきました。私たちの食生活にかかわる企業の協力が、私たちの食育に不可欠です。

　私たちNPO法人企業教育研究会は、これまでも多くの企業の協力を得て、さまざまなジャンルでの新しい授業づくりを進めてきました。初発の『企業とつくる授業』、前著の『企業とつくるキャリア教育』（ともに教育同人社）は、おかげさまで高い評価をいただき、「食育」においても「企業とつくる授業」への期待が高いことを感じてまいりました。

　本書が全国の学校での「食育」のヒントになり、子どもの食生活を見守る大人たちのネットワークが広がる契機となることを願っております。多くの方々のご協力に、感謝申し上げます。

２００７年４月

NPO法人 企業教育研究会
理事長　藤川　大祐
（千葉大学教育学部准教授）

もくじ

「企業とつくる食育」がなぜ求められるのか
―社会人の協力を得て
子どもたちの「食のリテラシー」を育てる―

1 《フィクション》小学校2年生ハヤオ君の場合 …………8
2 変化した子どもの生活習慣 ………………………… 12
3 「古き良き時代」は、本当に良き時代だったのか …… 16
4 子どもにとって望ましい食生活とは？ ……………… 19
5 外部リソースを適切に活用する食生活へ …………… 22
6 「食育」に関する、陥りがちな考え方 ………………… 26
7 学校における「食育」で何を行うか ………………… 29
8 学校での食育に求められる教育方法 ………………… 33
9 「企業とつくる食育」へ ……………………………… 35
10 地域コミュニティ活性化と食育 ……………………… 38
11 社会に貢献するために食べる ………………………… 40

Contents

企業とつくる食育

日本マクドナルド株式会社提供
食育の時間
インターネットコンテンツ紹介 ……………… 43

インターネットコンテンツの楽しい教材や体験を取り入れたおススメ！実践事例

好きなものだけ食べちゃいけないの？ …………… 64
ハンバーガーは何でできているの？ …………… 72
どうしてお腹がへるのかな？ …………… 80
私たちの食べ物は大丈夫？ …………… 88
みんなで食べるとおいしいね！ …………… 96
　　協力：日本マクドナルド株式会社　株式会社NHKエデュケーショナル

加工食品との付き合い方を考えよう！ …………… 105
　　協力：日本ハム株式会社

「安全」な食品を作るための
　食品会社の努力を学ぼう！ …………… 115
　　協力：カルビー株式会社

大好きな自分たちのまちを元気にする
　グリーンツーリズムを提案しよう！ …………… 127
　協力：千葉県印旛郡本埜村役場　徳島県勝浦郡勝浦町役場　ふれあいの里 さかもと

食品の賢い選択をしよう！ …………… 137
　　協力：イオン株式会社

　　付録　食育基本法 ……………… 149

授業協力企業・団体

日本マクドナルド株式会社

株式会社NHKエデュケーショナル

日本ハム株式会社

カルビー株式会社

千葉県印旛郡本埜村役場

徳島県勝浦郡勝浦町役場

ふれあいの里 さかもと

イオン株式会社

(掲載順)

「企業とつくる食育」が
なぜ求められるのか

― 社会人の協力を得て
子どもたちの「食のリテラシー」を育てる ―

1　《フィクション》小学校２年生ハヤオ君の場合
2　変化した子どもの生活習慣
3　「古き良き時代」は、本当に良き時代だったのか
4　子どもにとって望ましい食生活とは？
5　外部リソースを適切に活用する食生活へ
6　「食育」に関する、陥りがちな考え方
　　　　　　　7　学校における「食育」で何を行うか
　　　　　　　8　学校での食育に求められる教育方法
　　　　　　　　　　9　「企業とつくる食育」へ
　　　　　　　10　地域コミュニティ活性化と食育
　　　　　　　11　社会に貢献するために食べる

1 《フィクション》
小学校2年生ハヤオ君の場合

　現代日本の子どもたちの食生活を考えるために、まず一つの話をお読みいただきたい。架空の小学校2年生、ハヤオ君の一日である。

> ハヤオ君は小学校2年生。きょうだいはなく、会社員の父、専業主婦の母と、首都圏郊外のマンションで3人暮らしである。ハヤオ君は、少しぽっちゃりしておとなしめだ。

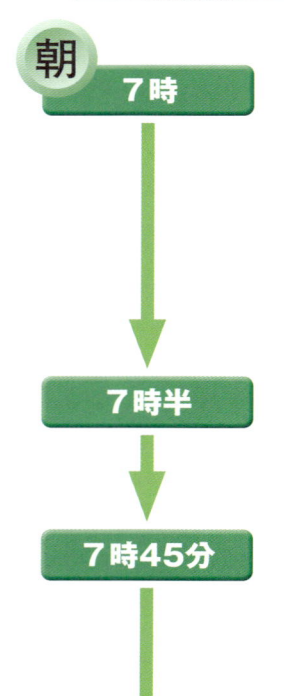

朝 7時

　父はすでに朝食をすませ、会社に出かける準備をしている。居間のテレビには朝の情報番組が映っており、父や母は時計代わりになんとなく番組の内容を聞いている。子ども部屋で寝ているハヤオ君に、母が忙しそうに何回も声をかけるが、**ハヤオ君は起きてこない。**父は寝ているハヤオ君に「お父さんは出かけるぞ」と声をかけ、家を出る。

7時半

　まだハヤオ君は起きてこないが、母はハヤオの分のパンを食卓に出す。食卓にはオムレツと野菜サラダが用意されている。

7時45分

　母はハヤオ君の部屋に入り、「もう起きないと遅刻するわよ」と言いながらハヤオ君を抱き上げ、ぐずるハヤオ君を強引に着替えさせる。
　母に「食べていきなさい」と言われ、**ハヤオ君はパンを食べるが、オムレツやサラダには手をつけない。**

7時55分	10秒くらいで歯磨きをして、ハヤオ君は学校に駈けだしていく。母は、残ったオムレツやサラダで遅い朝食をすませる。
学校	学校ではハヤオ君は無難に過ごしている。休み時間は、友達のアサダ君と昨日のアニメの話をしている。4時間目になるとお腹がすいているはずだが、自分ではあまり意識していない。
昼	今日の給食は、ムニエル風の白身魚、野菜のあえ物、ご飯、スープ。**魚も野菜もあまり好きではないが、今日はなんとか残さず食べる。**
14時30分	午後の授業が終わって帰宅。帰ると母がおやつを出してくれる。少し遠くに住む祖母が送ってくれたせんべいと、近所のスーパーで買ったチョコレートだ。最初は「スナックのほうがいい」などと言っていたハヤオ君だが、テレビをつけて**特に興味のない情報番組を見ながらおやつをたいらげてしまい、**箱からせんべいを追加して食べる。

　この日、ハヤオ君はもう外出しない。週に何度かはアサダ君と遊ぶのであるが、あいにく今日はアサダ君がスイミングスクールに通う日である。

　おやつを食べ終わってしばらくすると、せんべいやチョコレート**のごみもそのままに、携帯用ゲーム機で遊び始める。**やっているのは、少し前に祖母に買ってもらったソフト。**もう飽きていてあまり楽しくもない**のだが、特に他にやりたいこともないので、ゲームをしてしまう。テレビはついたままだ。母はぶつぶつ言いながら、お菓子のごみを片付ける。

17時

お気に入りのテレビ番組が始まり、ゲームは一休み。テレビ番組には、小学生の子どもたちが出ていて、ハヤオ君は少し憧れている。母の「宿題は？ 明日の準備は？」という声かけには、生返事。そのうち母は買い物に出かけてしまう。母にとっては、夕方のこの番組の時間はハヤオ君がテレビを見ているので、出かけても安心である。

番組が少しつまらないコーナーに入ると、居間においてあったランドセルから教科書とノートを取り出し、ハヤオ君は算数と国語の宿題を始める。自分の部屋には一応立派な机があり、ときどき母が片付けてくれるのだが、**宿題はたいてい居間でやっている。**

母が帰宅して、夕食を作り始める。ハヤオ君は宿題にも飽きて、ごろごろと横になっている。夕食のクリームシチューができると、母はハヤオ君の教科書やノート、ランドセルをハヤオ君の部屋に持っていく。

夜 19時

ハヤオ君がアニメを見始めた頃、母と2人で夕食開始。**母はいろいろと話しかけるが、ハヤオ君はアニメに夢中だ。**母が食べ終わってお茶を飲んでいても、ハヤオ君はだらだらと食べている。アニメが2本終わるまで食事をしているのが、毎日のペースだ。この日は結局、シチューを少し残してしまう。

20時

ようやく夕食が終了。母は「お風呂に入ろう」と言うが、ハヤオ君は「ちょっと待って」と言い、なかなか動こうとしない。母は食器を下げ、ハヤオ君の着替えを用意している。ハヤオ君は何をするでもなく、ごろごろしている。

20時30分 母にせかされ、入浴。といっても、**入浴はいつも母と一緒だ。**身体は自分で洗うが、シャンプーは母に頼っている。風呂から上がると、もう21時近い。

風呂から出ると、ハヤオ君は冷蔵庫に。「ママ、今日はアイスはないの？」「ごめん、ないの。ジュースは？」ということで、風呂上がりにオレンジジュースを飲む。

21時15分 父が帰宅。「ハヤオ、まだ起きてるのか？」と言いつつ、父はテレビでバラエティ番組をつけ、遅い夕食を始める。ハヤオ君もテレビの前にいて、テレビを見て笑っている。

21時40分 番組はまだ終わらないが、母に言われ、ハヤオ君は寝る準備を始める。しかし、明日の学校の準備ができていなかったので、準備を始める。その間もちらちらとテレビを見ているので、準備はなかなか進まない。

22時15分 父親が風呂に行き、母親にせかされて、ハヤオ君はようやくベッドへ。ベッドのスタンドで雑誌を読んでいるうち、眠くなって眠る。
ハヤオ君が眠ったのは、22時30分だった。

　この話はフィクションであるが、現代の小学生の典型的な生活ぶりを描いたつもりである。このような生活は、基本的に「良いほう」であろう。親がきちんと面倒を見ており、食事をとって学校にもなんとか通っている。朝食を抜く子ども、家で食事を作ってもらえない子ども、一人で食事をする子ども等がいることを思えば、ハヤオ君は恵まれている。

　だが、多くの読者は、ハヤオ君の生活には問題が多いと感じるであろう。何が問題なのか、細かく確認していこう。

2 変化した子どもの生活習慣

　まず注目すべきなのは、起床時刻や就寝時刻が遅いことである。22時30分に就寝し7時30分に起きれば、9時間睡眠であるから、小学校2年生の睡眠時間としては、特段の問題はない。だが、時刻には問題がある。7時55分に家を出るためには、遅くとも7時頃に起床し、きちんと朝食をとれるようにする必要がある。そのためにも、21時から21時30分くらいまでの間には就寝することが必要である。

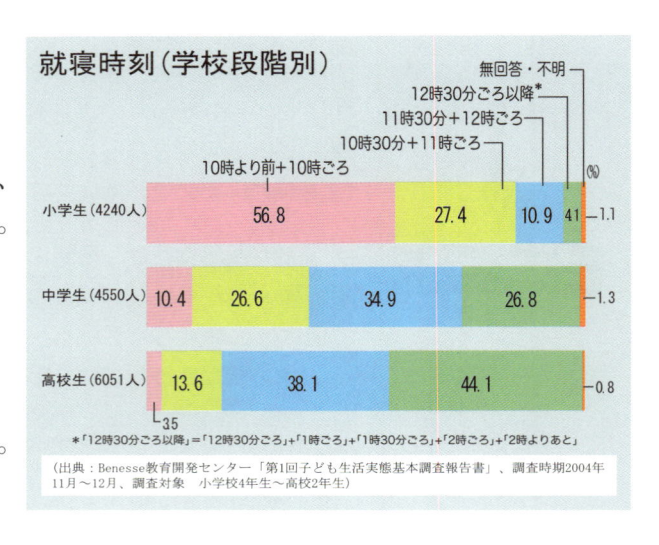

　ではなぜ、このように就寝時刻が遅くなってしまうのだろうか。一つの要因は、**メディア接触**である。ハヤオ君が家にいる間、ほとんどテレビがついており、ハヤオ君のテレビ視聴時間は約5時間になる。しかも、テレビゲームをしている時間もある。これだけメディア接触をしていれば、どうしても就寝が遅くなってしまう。

就寝時刻（学校段階別）

	10時より前+10時ごろ	10時30分+11時ごろ	11時30分+12時ごろ	12時30分ごろ以降*	無回答・不明
小学生(4240人)	56.8	27.4	10.9	4.1	1.1
中学生(4550人)	10.4	26.6	34.9	26.8	1.3
高校生(6051人)	3.5 / 13.6	38.1	44.1		0.8

*「12時30分ごろ以降」=「12時30分ごろ」+「1時ごろ」+「1時30分ごろ」+「2時ごろ」+「2時よりあと」

（出典：Benesse教育開発センター「第1回子ども生活実態基本調査報告書」、調査時期2004年11月～12月、調査対象　小学校4年生～高校2年生）

　別の観点で見れば、**運動の時間が少ない**のが気になる。学校では体育の時間等で運動をするのかもしれないが、帰宅後は運動らしき運動は、まっ

立ち幅とびの年次推移

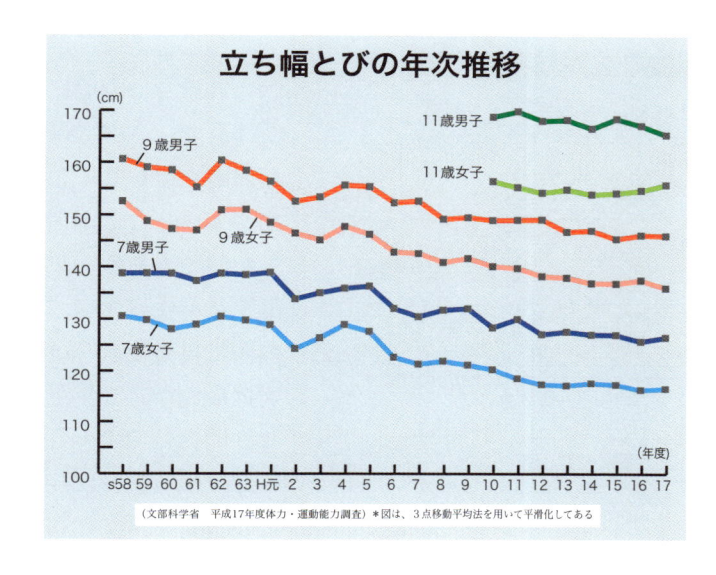

（文部科学省　平成17年度体力・運動能力調査）＊図は、3点移動平均法を用いて平滑化してある

たくしていない。一般に、子どもたちが外に出て大勢で遊ぶことが、非常に少なくなっている。スイミングスクールやスポーツチームにでも入らない限り、なかなか運動することがない。

　食生活についても、**朝食をきちんととっていないこと**や、運動をほとんどしないのに**間食を過剰にとっていること**等の問題が見られる。**魚や野菜が嫌い**で、クリームシチューのような食べやすいものなら食べるところも、問題かもしれない。すぐにハヤオ君が健康を害する可能性は低いかもしれないが、将来自立してきちんと食べていけるかどうかとなると、大変心配になる。

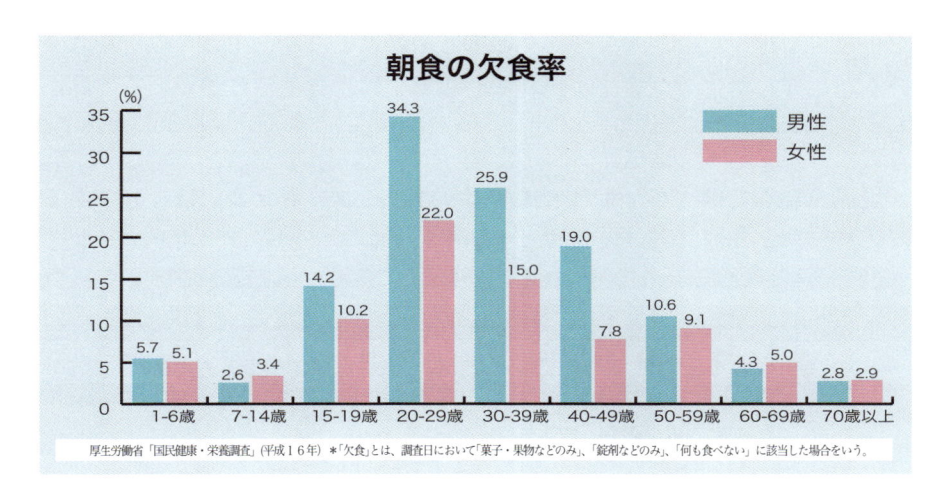

朝食の欠食率

年齢	男性	女性
1-6歳	5.7	5.1
7-14歳	2.6	3.4
15-19歳	14.2	10.2
20-29歳	34.3	22.0
30-39歳	25.9	15.0
40-49歳	19.0	7.8
50-59歳	10.6	9.1
60-69歳	4.3	5.0
70歳以上	2.8	2.9

厚生労働省「国民健康・栄養調査」（平成16年）　＊「欠食」とは、調査日において「菓子・果物などのみ」、「錠剤などのみ」、「何も食べない」に該当した場合をいう。

子どもが朝食を食べている相手

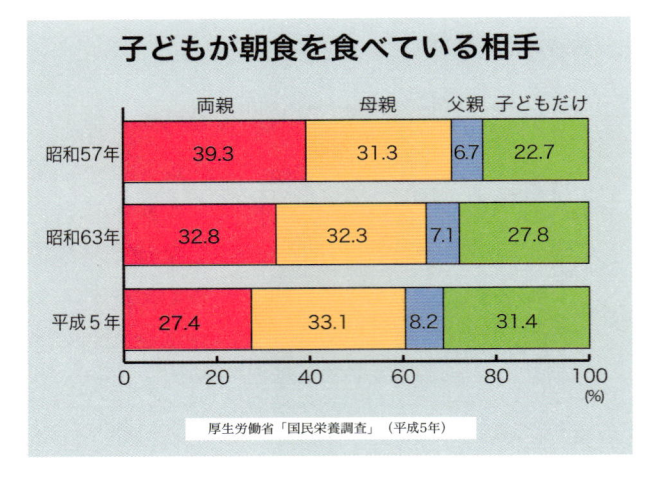

	両親	母親	父親	子どもだけ
昭和57年	39.3	31.3	6.7	22.7
昭和63年	32.8	32.3	7.1	27.8
平成5年	27.4	33.1	8.2	31.4

厚生労働省「国民栄養調査」（平成5年）

さらに言えば、ハヤオ君自身は全般に受け身で、すべて母がお膳立てをしてしまっていることが大きな問題である。小学校2年生がすべての面で自立できるはずはないが、2年生なりに自分ですべきことを担っていかなければ、将来の自立にはつながらない。少なくとも、このままでは学校に間に合わなくなるから起きようとか、お腹がすいたから食事をしようといった意識くらいは、もってもらいたい。あるいは、食事の際には食器を運ぶとか、自分で食べたあとのごみは自分で片付けるといったことは、小学校2年生でも必要なことであろう。

このように、ハヤオ君の生活には、多くの問題が見られる。これらの問題は、それぞれが互いにかかわっている。ハヤオ君の生活全般が過剰に母親に依存しているが、お菓子を食べたりメディア接触したりということはだらだらと行うため、就寝時刻や起床時刻が遅くなり、生活全般が乱れている。こうした生活全般にかかわる問題の中に、食生活にかかわる問題がある。

現代の日本では、ハヤオ君の生活ぶりは、これでも「よいほう」である。次に挙げるような、もっと悲惨な生活をしている子どもは、決して珍しくない。

● 夜遅くまで仕事をしている親は、子どもが朝食を食べるべき時間にはまだ眠っており、子どもは自分で起きて、朝食もとらずに学校に行く。

- 好き嫌いが大変多く、家では肉類と炭水化物しか食べない。学校の給食でも、嫌いなものはすべて残す。
- 夜は親が不在で、夕食代を渡されるだけである。子どもは、コンビニエンスストア等で食事を買い、一人で食べる。
- 親が料理を嫌いで、できあいの総菜や冷凍食品ばかりが食卓に並ぶ。あるいは、ファストフード店で頻繁に外食する。
- 手洗い、歯磨き、入浴といった最低限の身体のケアもおぼつかない。

　このように書くと、昔の日本の子どもたちの生活はよかった、なぜこんなふうになってしまったのかと考えたくなるかもしれない。だが、話はそう単純ではない。

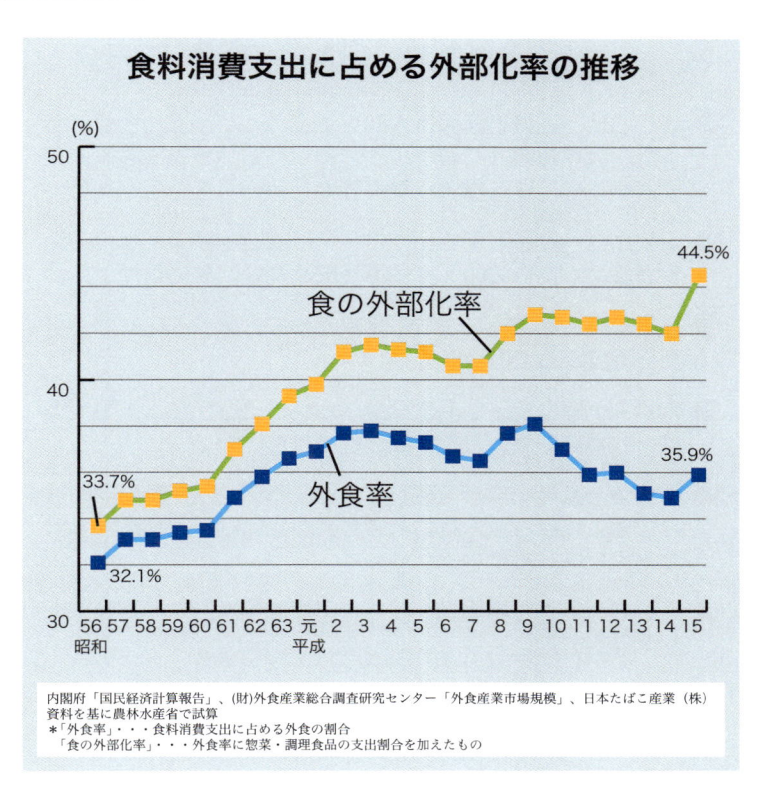

食料消費支出に占める外部化率の推移

食の外部化率　44.5%
外食率　35.9%
33.7%
32.1%

昭和56 57 58 59 60 61 62 63 平成元 2 3 4 5 6 7 8 9 10 11 12 13 14 15

内閣府「国民経済計算報告」、(財)外食産業総合調査研究センター「外食産業市場規模」、日本たばこ産業(株)資料を基に農林水産省で試算
＊「外食率」・・・食料消費支出に占める外食の割合
　「食の外部化率」・・・外食率に惣菜・調理食品の支出割合を加えたもの

3 「古き良き時代」は、本当に良き時代だったのか

　ここ数年は、昭和レトロブームなどと言われるほど、昭和30年代から40年代を取り上げた映画やドラマ、テーマパークが人気を博している。大人たちにとっては、この頃がある種の理想の時代のように受け取られているように見える。

　昭和30年代から40年代には、次のような印象があるだろう。

- 隣近所のつきあいが多く、地域で互いに声をかけあいながら暮らしていた。
- 子どもたちは外で元気に大勢で遊ぶことが、当たり前であった。異年齢集団で遊ぶことが多く、幼い子どもは年長の子どもから、けんかのしかた等の社会的スキルを学んだ。
- テレビゲーム、ビデオデッキ、携帯電話等はまだなく、テレビはあったもののメディア接触時間は非常に短かった。
- 早寝早起きをすることや、3食きちんと食べることは、当たり前のことであった。
- 肉やスナック菓子はあまり食べられることがなく、魚や野菜、穀類を中心とした食事がとられていた。
- 得体の知れない食材を買う機会はまれで、八百屋や魚屋などの店主が自ら仕入れたものを売っていた。食材への不安があまり感じられなかった。
- 手軽な外食や弁当販売はなく、食事は基本的に家庭で作るものであった。

　このように書くと、この時代は子どもの成長にとって理想的な時代で、

子どもの食生活あるいは生活習慣一般をこの時代に戻すことを目指すべきだと考えられるかもしれない。

　だが、「古き良き時代に戻れ」という発想は、あまりにも安直である。思い出は美化されるものであり、つらかったことは忘れたいものである。また、現代の大人の多くが当時は子どもや若者の世代であったために、当時の大人の苦労が理解されにくいということもある。もう少し冷静に、昔を振り返ってみよう。懐かしさと良さを混同してはならない。

　私たちが見落としがちなのは、「古き良き時代」の生活は、**家庭の主婦の大きな負担の上に成り立っていた**ということである。

　戦前・戦中生まれの当時の主婦は、男と女は役割が違い、女は家庭のために尽くすという価値観を刷り込まれて育っていた。家庭電化製品がそれほど充実していなかったために、掃除、洗濯、炊事といった家事の負担は、現在とは比べものにならないほど大きかった。いわゆる家庭料理ができなければ一人前の主婦とは認められず、「花嫁修業」が必要であった。結婚してからも、姑から理不尽な攻撃を受けることも珍しくなく、「嫁姑問題」は深刻であった。自分が趣味の時間をもつことや着飾ることは二の次にして、ひたすら家族のために尽くしていたのである。地域での濃密な近所づきあいも、一面では煩わしいものであったに違いない。

　夫や子どもにとっては、昭和30年代から40年代の時代は、ある意味で非常に幸せであったかもしれない。家庭で妻が家族に尽くしてくれ、食事も毎食、「おふくろの味」を提供してくれていたのだから。だが、当時の主婦の立場からは、この時代は決して戻りたい時代ではないであろう。

　その後、家庭電化製品が大変便利になり、主婦の家事負担は減った。自家用車を使ってスーパーで食材をまとめ買いしたり、簡単な手間で出せる食品を利用したり、外食を利用したりすることもできるようになった。こ

うした変化は、少なくとも主婦にとっては幸福な変化であったはずである。

　男性なのになぜそれほどまでに主婦の肩を持つのかと言われるかもしれない。だが、ある立場の人に一方的に負担を押しつけるようなやり方は、長続きしないと考えるべきである。誰かの過剰な負担によって成立していた「古き良き時代」に戻そうという発想を、私たちは捨てるべきである。

4 子どもにとって望ましい食生活とは？

では、単に昔に戻るのでなければ、現代の子どもたちにとって望ましい食生活とは、いかなるものであろうか。

子どもにとって望ましい食生活を考える際には、二つの観点が必要である。それは、**子どもが当面健康に過ごせるということ**と、**大人になってから自分や家族等が望ましい食生活を送れるようにするということ**の二つである。

第一の点、子どもが当面健康に過ごせるようにするということは、当然考えられるであろう。これには栄養学的な面と精神的な面とが考えられる。

栄養学的な面とは、①バランスよく必要な栄養素を摂取すること、②アレルギー物質等の自分の身体に有害な物質の摂取を避けること、③消費エネルギーと釣り合うエネルギーを摂取すること、④よく噛むこと、⑤衛生的に食べること、⑥規則正しい時刻に食事をとること等である。これらについては、それぞれ適切な知識をもつことと、得られた知識

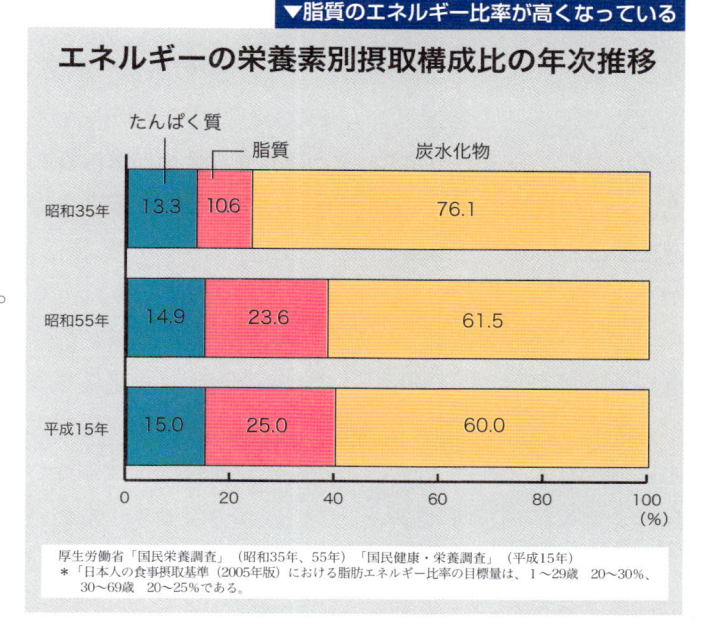

▼脂質のエネルギー比率が高くなっている

エネルギーの栄養素別摂取構成比の年次推移

	たんぱく質	脂質	炭水化物
昭和35年	13.3	10.6	76.1
昭和55年	14.9	23.6	61.5
平成15年	15.0	25.0	60.0

厚生労働省「国民栄養調査」（昭和35年、55年）「国民健康・栄養調査」（平成15年）
＊「日本人の食事摂取基準（2005年版）における脂肪エネルギー比率の目標量は、1～29歳　20～30％、30～69歳　20～25％である。

にもとづいて日常の食生活を実践することが必要である。実践については、子どもが幼ければ幼いほど、家庭の協力が不可欠である。逆に言えば、家庭で用意される食事が栄養学的に適切であれば、子どもは「好き嫌いをせずに出されたものをきちんと食べる」ということさえすれば基本的に問題ない。

　精神的な面とは、**①旬の食材や各地域の食材・メニューを楽しむとか、②食事が家族の団欒になるとか、③誰かを招いて楽しい食事会をすることができる等**といったことである。おいしく食事を楽しむということが精神的な豊かさになり、逆にただ栄養素だけを摂取するような食事ばかりでは子どもの精神面によからぬ影響が生じてしまうであろう。もちろんこの面でも、家庭の協力が不可欠である。

　第二の点、大人になってから自分や家族等が望ましい食生活を送れるようにするということは、ともすると見過ごされがちであるが、重要である。具体的には、**①親から自立しても適切な食生活が送れるようにするということと、②将来家族の世話をする状況になったときに適切に食生活を提供できるようにする**ということがある。

　子どもたちが将来親元を離れて懸念されるのは、好きなものばかりを好きなときに食べるという、自分勝手な食生活を送ることである。現在すでにコンビニエンスストアやファストフード店等で安価に食事を調達することは容易になっており、一人暮らしであれば手間暇かけて自炊することにコスト面での優位性はない。勢い、食べたくなったときに手近な店に行き、食べたいものを食べることになる。好きなものばかり食べるので栄養のバランスが偏りがちになるし、外食ばかりしていればエネルギーの過剰摂取にもつながりやすい。子どもの頃から偏食する子どもが目立つようであるが、このような子どもたちは将来一人暮らしをすれば特定のメニューばかりを続けて食べる生活に陥りかねない。

また、将来家族の世話をするようになった場合は、さらに深刻である。かつてのような「男は外で仕事、女は家事」という性別役割分業の意識は、かなり薄れつつあり、そのこと自体は好ましいことかもしれない。しかし、この結果、男性はもちろん女性でも、料理する習慣を身につけないまま大人になる者が多くなっているように思われる。将来親になったときに、自分が好きなものばかりを食卓に出したり、過剰にできあいの食品や外食に頼ったりするような親が多くなることが懸念される。**男女問わず、自分と子どもに継続的に適切な食事を提供できる能力をもつようにする必要がある**。もちろん、さまざまな意味で食事を準備することの利便性は高まっているのであるから、そのような能力をもつことは実は以前ほど難しいことではないはずだ。子どもだけでなく、配偶者や両親等の食生活を支える可能性があることについても、視野に入れておく必要がある。

　まとめよう。**現代の子どもたちにとって望ましい食生活**とは、次のようなものであろう。

子どもが当面健康に生活できるために

- 栄養学的な面において、自分の当面の健康を害さない食生活ができる。
- 精神的な豊かさにつながる食生活ができる。

大人になってからの自分や家族の食生活のために

- 好きなものを好きなときに食べる習慣に陥らず、バランスがとれ規則正しい食生活を送ることの意義を理解し、そのような食生活を習慣づける。
- 継続的に家族に適切な食事を提供できる能力を育む。

5　外部リソースを適切に活用する食生活へ

　では、どのようにしたら、日本の多くの子どもたちが上記のような状態に至ることができるのであろうか。

　すでに論じたように、昭和30年代から40年代の「古き良き時代」に戻ろうとするのは不適切だ。母親にかつてのような負担をしいることになりかねず、できあいの総菜や外食を利用する親に罪悪感を抱かせるだけである。そもそも、現在の生活の利便性の多くを棄てて昔に戻ることを多くの人々に期待すること自体が、非現実的である。

　私たちは、**現代という時代に合ったやり方を考えなければならない**。利用できる外部リソースを利用しつつ、子どもたちの食生活を充実させていくのである。以下、現実的なあり方を提起したい。

　第一に、多様な食べ物を食べるようにすることである。

　多様な食べ物を食べることは、まず栄養のバランスをとることにつながる。どんなに好きなメニューでも、同じメニューばかり偏って食べることはしない。食材のレベルでも、肉のメニューが続いたら魚のメニューを選ぶとか、油ものを食べたらさっぱりしたものを食べる等、常に多様さを意識する。このためには、スーパーでさっと焼くだけの魚の切り身を買ってもよいし、外食でサラダ中心のメニューをとるのもよい。

　また、多様な食べ物を食べることは、リスクの分散につながる。アレルギー物質は避けなければならないが、残留農薬や合成添加物等の物質を完全にゼロにすることは容易ではない。だが、多様な食べ物を食べれば、自

分の身体に有害な物質を多く蓄積するリスクを避けることは可能である。相対的に安全と思われる食品を摂取する努力も必要であるが、リスクを分散するという発想をもつことのほうが優先されるべきである。

第二に、食事準備の担い手を、できるだけ多様にすることである。

　家庭における食事を母親が一人で準備する環境では、子どもたちは調理等の食事準備を、特殊な人のみが担うべき仕事ととらえてしまうであろう。母親が食事の準備をすることを当然と思わせないようにし、自らの年齢に応じて食事の準備を担当するという考えをもたせることが、将来自分の食生活を適切に進めたり家族の食事の世話をしたりすることにつながるはずだ。もちろん、家族それぞれの状況は異なるであろうし、得意・不得意という問題もあるであろう。たとえば、仕事の忙しい父親が月に１度でも食事を作るとか、誰かが体調を崩したときに他の者たちが協力して食事の準備をするといったことでもよいだろう。当然、子どもたちは、幼ければ食器並べや片付け、少し大きくなれば野菜を洗ったり切ったりする等、能力

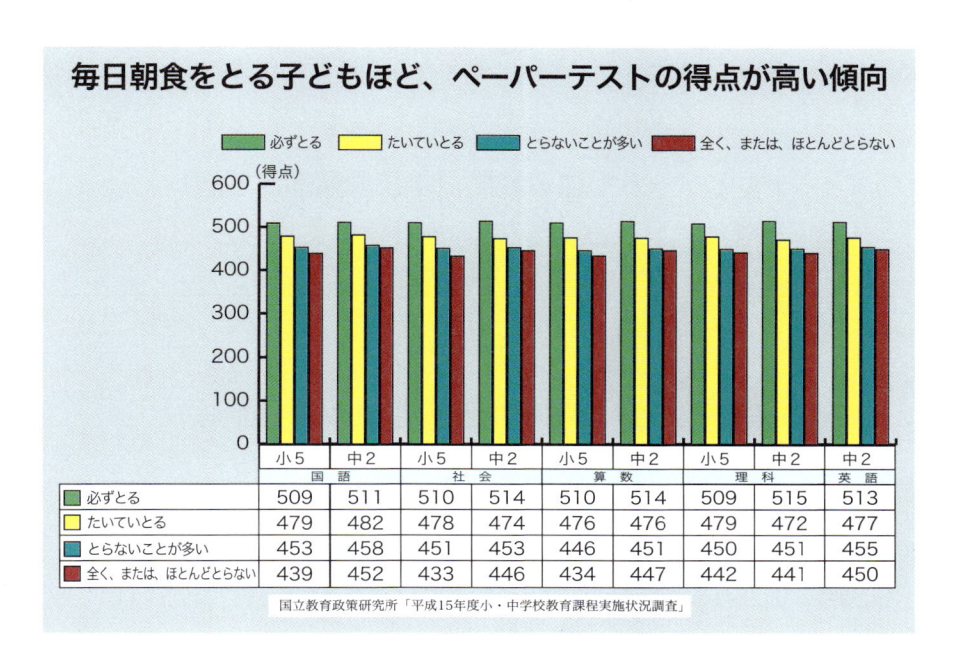

毎日朝食をとる子どもほど、ペーパーテストの得点が高い傾向

	小5 国語	中2 国語	小5 社会	中2 社会	小5 算数	中2 算数	小5 理科	中2 理科	中2 英語
必ずとる	509	511	510	514	510	514	509	515	513
たいていとる	479	482	478	474	476	476	479	472	477
とらないことが多い	453	458	451	453	446	451	450	451	455
全く、または、ほとんどとらない	439	452	433	446	434	447	442	441	450

国立教育政策研究所「平成15年度小・中学校教育課程実施状況調査」

に応じて毎日食事の準備に参加すべきであろう。食事の準備に参加する習慣をつけておかねば、大人になってから継続的に食事の準備をすることは難しいのである。

　また、食材の買い物にも、できるだけ子どもを参加させたい。どこにどんな食材がどんな形状で売っているのか、親たちは何を考えて買い物をするのか等を、日常の買い物で学ばせるのである。その際に、食材について親がもっている知識を、話して聞かせることもよいだろう。

　このようにして、食事の準備に関して家族が行っていることをすべて子どもに見せていくことで、子どもたちは食事の準備は誰もが行うべきことだという感覚をもっていくであろう。

　第三に、起床・就寝時刻やメディア接触時間等も含めて、八割方でも規則正しい生活を送ることである。

　朝は出かける1時間前には起きて食事の準備に参加する、おやつは多様なものを一定量だけ食べる、テレビやゲームの時間は決める、一定の時刻

テレビゲームで遊ぶ時間（学校段階別、性別）

(%)

	男子 小学生 (2172人)	男子 中学生 (2278人)	男子 高校生 (3170人)	女子 小学生 (2062人)	女子 中学生 (2254人)	女子 高校生 (2853人)
ほとんどしない	12.2	20.8	42.2	35.5	55.0	80.6
15分くらい	3.9	1.8	2.6	8.3	3.2	1.8
30分くらい	12.4	7.9	9.6	16.8	7.6	4.0
45分くらい	7.0	3.9	2.3	6.9	2.2	1.1
1時間くらい	18.6	20.5	18.3	13.9	11.8	5.6
1時間30分くらい	13.1	10.1	6.4	7.3	4.2	1.4
2時間くらい	12.2	16.1	9.4	4.5	7.1	2.5
2時間30分くらい	5.1	4.3	1.6	2.2	2.0	0.3
3時間くらい	3.6	3.9	1.9	1.4	2.0	0.8
3時間以上	11.0	10.1	5.0	2.5	4.3	1.6
無回答・不明	1.0	0.7	0.5	0.6	0.5	0.2

ベネッセ教育研究開発センター「第1回子ども生活実態基本調査報告書」、調査時期2004年11月～12月、調査対象 小学校4年生～高校2年生）

までに就寝するといったことを、たとえ完璧でなくても８割程度は守るようにしたい。生活習慣は自分の好き勝手に変えてはいけないということを、身体で覚えるようにするのである。

　第四に、外食を家族のコミュニケーションの場として活用することである。

　家庭での家族団欒というと、家庭の中での食事のみを考えやすい。もちろん、家庭内での食事も大切である。だが、家庭内での日常の食事において、毎日コンスタントに団欒をしようとしても、難しい家庭が多いのではないか。家庭内では、食事の準備をする人が食卓につくのが遅れたり、帰りの遅い者がいたり、食事中に電話があったりと、さまざまな要素が入り込む。また、基本的に同じメンバーの中での食事なので、変化もつけづらい。家庭の状況に応じて外食を適切に利用して、家族のコミュニケーションをはかることを積極的に考えてよい。

　私がよいと思うのは、「馴染みの店」をつくることである。特に高級店である必要はない。家族でときどき出かけて店の人と話ができるような店をつくるのである。そのような店に行けば、日常とは違った雰囲気で家族のコミュニケーションの場をもてるし、子どもが店の人とコミュニケーションをとって多少は社会性を伸ばすことも期待できる。家庭内では食べられないような食べ物を食べて、食べ物について語り合うこともよいであろう。馴染みの店に行くことを楽しみにすることによって、家族でのコミュニケーションを特に充実させる機会をもつのである。

　現代は、家族のあり方が多様化するとともに、社会も大きく変化して、子どものいる家族の食生活にも多様な選択肢が生まれている。何事であれ、極端に走ることはリスクが大きい上に、無理も生じる。小売店や外食産業等の家庭外のリソースをさまざまに活用して、バランスのとれた食生活をつくっていく必要がある。

6　「食育」に関する、陥りがちな考え方

　ここまで述べてきたことをふまえ、あらためて私たちの社会は「食育」をどのように進めるべきかを考えていこう。

　まず、「食育」に関して、多くの人が陥りがちな考え方を取り上げ、**批判的に検討していきたい。**

　第一に、食育は学校よりも家庭や地域で進めるべきだという考え方がある。もちろん、家庭や地域で食に関する取り組みを進めることには意味があり、適切な取り組みによって一定の成果を産むことは期待できる。しかし、家庭や地域での取り組みには限界がある。問題が深刻な家庭や個人ほど、家庭や地域の取り組みに加わりにくいのである。

　たとえば、地域で食育イベントを行い、食に関する講座や体験活動が行われ、参加者が大いに満足したとしよう。しかし、参加者はあくまでも自主的に参加しているのであるから、そもそも**食に対する関心の低い人が参加することは期待しにくい。**地域でのイベントは、もともと一定以上の関心がある人についてしか成果を期待できないのである。家庭に子どもへの指導を期待しても、きちんと指導していない家庭が指導するようになることは、期待できない。

　もちろん、さまざまな工夫によって、地域での取り組みが功を奏する可能性はある。たとえば、スーパーや飲食店には特に食に関心がない人たちも行く機会が多いであろうから、そうした店で食に関する情報を提供すれば、多くの人々に情報が届くことが期待できる。スーパーで「鍋用野菜パック」や「炒め物用パック」を売ったり、飲食店でサラダをセットにした

メニューを前面に出したりすることも、不足しがちな野菜をとることを薦めるメッセージになるであろう。

とはいえ、学校での指導が不要であるということにはならない。**すべての家庭の子どもたちに、一定の指導ができるのは、学校だけである**。子どもに指導するだけでは家庭での取り組みが急速に改善する可能性は低いかもしれないが、**将来親になる可能性のある子どもたちに幼いうちから指導しておくことは中長期的に見て重要である**。また、学校には保護者参観日や保護者会等を通して、広い範囲の保護者にメッセージを伝える機会があるので、保護者への啓発にも一定の役割を担うことが期待できる。

第二に、特定の食品を推奨することが食育だという考え方がある。すなわち、「食育」の名のもとに、「地産地消」のキャッチフレーズのもとで地域の食材を推奨したり、食品企業が自社の商品を推奨したりすることがある。もちろん、何らかの食品についての理解が浅いことが子どもたちの食生活に問題を及ぼしている可能性はあるので、特定の食品をテーマに授業や講座を行うことには意義があるだろう。地域で商店等がそのような取り組みを行うことは、啓発を兼ねた広報活動として認められるべきである。

だが、学校の授業で特定の食品を推奨することが中心の授業を行うことには、問題がある。学校教育と広報活動とを分けるべきだということもあるが、**特定の食品のみを推奨してしまうことと多様な食品をとることとの両立が難しい**。特定の食品をテーマに授業を行うことがあってもよいが、その際には「食品の提供者を理解する」「加工食品の特徴を理解する」といったように特定の食品の推奨とは異なる一般的な教育目標が目指されるべきである。

第三に、食育の目標は「食への感謝」や「好き嫌いをしない態度」といった情意や態度にかかわるものであるべきだという考え方がある。もちろん、指導の結果、子どもたちが情意面や態度面で望ましい方向に変化する

ことは、目指されてよい。しかし、食にかかわる知識面での理解を軽視することになるとしたら、それは大きな問題である。

　たとえば、なぜ好き嫌いがいけないのか、なぜ朝食をとらなければならないのか、なぜ食品の生産者のことを考えなければならないのかといったことが、ともすると子どもたちには知らされない。「好き嫌いはいけない」「朝食をとらなければならない」「生産者に感謝しよう」といった結論だけが伝えられる。家庭で繰り返しこうしたメッセージを伝えることには意味があるかもしれないが、学校では子どもたちが必要な知識を獲得できるよう指導をするべきであろう。

　私は、「**食が自分や家族にどのような影響を及ぼすのか**」ということと、「**食品が生産者のところからどのように私たちのところに届くのか**」ということの２点が、食に関する基本的な知識として重要だと考えられる。これらの知識を活用できる能力を「**食リテラシー**」（食に関する基本的な能力）と呼び、食育では食リテラシーの育成を中心とするべきだと考える。

7 学校における「食育」で何を行うか

では、学校における「食育」では、何を行うべきなのであろうか。

先ほど述べたように、学校では子どもたちに食についての知識を獲得させ、知識を主体的に活用できるようにすることを目指すべきである。私はこのことを、「**食リテラシー**」の向上と呼びたい。

では、学校の「食育」で扱うべき「食リテラシー」とは、具体的にはどのようなことであろうか。

まず、食リテラシーの前提としては、**食に関する一定の知識を身につける必要がある**。ここでいう知識とは、食通の人がもっているような食に関する蘊蓄のようなものではない。子どもたちが適切に食生活を送るために必要な知識である。必要な知識は、次の2点に分けられる。

第一に、食が自分や家族にどのような影響を及ぼすかにかかわる知識である。食に関する基本的な知識と言えるが、現実には大人になっても知識が乏しい者が少なくないと考えられ、学校での適切な指導が求められる。具体的には、以下のことがら

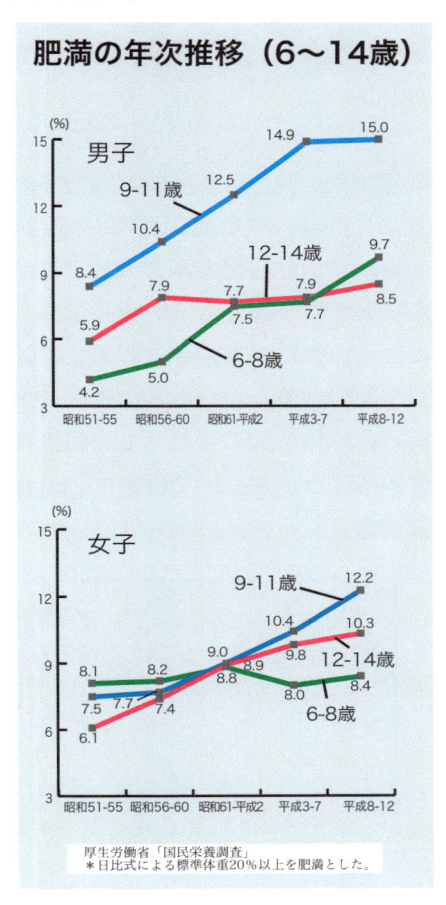

肥満の年次推移（6〜14歳）

厚生労働省「国民栄養調査」
＊日比式による標準体重20%以上を肥満とした。

にかかわる知識だ。

- どのような食品にどのような栄養素が含まれており、それぞれの栄養素が身体にどのような効果（身体の成長に関する効果を含む）をもたらすか。
- 人間の身体がエネルギーをどのように摂取、消費するものであり、エネルギーの過剰摂取や過少摂取が身体にどのような影響をもたらすか。
- 衛生管理の不徹底や、アレルギー物質・有害物質の摂取が、身体にどのような影響をもたらすか。
- 食事時間や食事に関する家族のあり方が、自分たちの心身の状態にどのような影響をもたらすか。
- 自分の地域や各地の食文化がどのようなものであり、食文化の中にどのような知恵が含まれているか。

　第二に、**食品が生産者のところからどのように私たちのところに届くのかに関する知識である**。現代では食品の流通が非常に複雑であり、誰がどのように作ったものがどのような過程を経て消費者に届くのかが、非常にわかりづらくなっている。食品の生産や流通について一定の知識がなければ、自分の状況に合わせて適切に食品を選ぶことが難しく、適切に食生活を送ることが難しいであろう。具体的には、以下のことがらにかかわる知識である。

- 小売店の店頭に並んでいる食品や飲食店で提供されている食品の材料が、どのような生産者からどのような過程を経て店頭に届いているのか。
- 小売店や飲食店で扱われている食品が、どのように安全を保障されているのか。
- 食品を購入する際には、どのようなリスクを意識する必要があるのか。

- 小売店や飲食店は、消費者の食生活に対してどのような貢献をしようとしているのか。
- 食品にかかわる仕事にはどのようなものがあり、働いている人はどのような思いをもってどんなふうに働いているのか。

　以上のような知識を獲得することに加え、子どもたちは獲得した知識を効果的に活用して、食生活を実践する能力を身につける必要がある。これはすでに「4」で論じたことと一部重複するが、ここであらためて整理しておこう。子どもたちには、以下のようなことを実践できる能力が求められる。

- 3食やおやつを日常的に適切な時刻にとる等、規則正しい食生活を送る。
- できるだけ嫌いなものを減らし、バランスよく食べる。
- 過剰あるいは過少に食べることをせず、日常的に適量を食べ、過剰あるいは過少に食べた機会の直後にはそのことをふまえて食べる量を調整できる。
- 食事のための買い物を日常的に行い、自分や家族に合った食材を適切に選択することができる。
- 食事の準備や片付けに参加する。
- 年齢に応じて料理ができ、継続的に調理をする機会をもつ。
- 調理時や食事の際に、適切に衛生管理ができる。
- 栄養のバランスやエネルギー摂取量を意識して、外食をすることができる。
- ともに食事をする人たちと、適切にコミュニケーションをとりながら楽しく食事をすることができる。
- 多忙時や外出時等に、多様な選択肢の中から適切に食事をとれる選択肢を選ぶことができる。

> ● 家族の年齢や健康状態に合わせて、食事を選択、調整することができる。

　学校における食育は、子どもたちに以上のような「食リテラシー」を身につけさせることを目指すべきである。

　具体的には、児童生徒の実態に合わせて、学年ごとに指導すべき内容を定め、生活や総合的な学習の時間で食を中心とする単元を組むほか、家庭科、体育、社会科、学級活動といった時間を活用して継続的に食育を行うことが求められる。

子ども時代から食材の買い物をよくしていた学生は、家での料理の比率も高い。

子どもの頃からの食材の買い物と家で料理をしていたかとの関係

		子どもの頃から家で料理をしていたか				合計
		全然しなかった	あまりしなかった	時々していた	とてもよくしていた	
子どもの頃からの食材の買い物	全然しなかった	25 65.8	10 26.3	3 7.9	0 0.0	38 100
	あまりしなかった	58 26.7	119 54.8	40 18.4	0 0.0	217 100
	時々していた	24 6.2	156 40.4	189 49.0	17 4.4	386 100
	とてもよくしていた	6 3.7	16 9.8	90 54.9	52 31.7	164 100
合計		113 14.0	301 37.4	322 40.0	69 8.6	805 100

(単位：上段・人、下段・%)

子ども生活文化研究会代表 川村学園女子大学教授 齋藤哲瑯
「女子大生の「食」に関する調査」(平成16年)

8　学校での食育に求められる教育方法

　では、学校での食育では、どのような教育方法を用いて子どもたちに「食リテラシー」を身につけさせるべきなのであろうか。以下、これまでの授業づくりの経験をふまえ、私が重要だと考える点を述べていく。

　第一に、子どもたちの現状を否定ばかりするのでなく、前向きな方向で授業を行うことである。

　子どもたちの食生活に問題があるといっても、その責は個々の子どもに負わせられるべきものではなく、むしろ保護者や社会全般にかかわる問題である。授業が子どもたちを責める形になっても、いたずらに子どもの自己肯定感を低くするだけで、子どもが自らに誇りをもって食生活を改善することにはつながりにくいであろう。現状を現状として受け止め、今日からでもできることを少しずつ行っていくしか、食生活改善の道はない。

　たとえば、問題ある食生活を送っている架空の子どものストーリーを示し、どこが問題なのかを検討させる授業であれば、責められているという印象を受けずに前向きに望ましい食生活について考えることができるであろう。

　第二に、知識を無理に覚えさせるのでなく、活動を通して結果的に知識が身についている授業にすることである。

　栄養にかかわる知識や個々の食材にかかわる知識等、食にかかわる知識は挙げていけばきりがない。大人にとって常識となっている知識がないと「魚は切り身で泳いでいると思っている」「各野菜が根なのか茎なのか花なのかも知らない」等と問題になるので、教師は詳細な知識を与えたいと思

うかもしれない。だが、自分への影響や社会の中でのあり方等にかかわらずに個々の知識を増やしても、食育としてあまり意味はない。むしろ、料理を作るとか、調べるといった活動をしているうちに、結果として必要な知識が身についている状態を目指すべきである。この観点から、子どもが楽しく体験できる活動を準備したり、そのための教材を開発したりすることが重要だということが言える。

　第三に、食品関連企業の人々、農漁業従事者、地域のさまざまな方々等、食を媒介にして多様な大人と接する機会を設けることである。

　子どもたちは日々食事をしているが、自分たちが食べている食品の向こうにいる生産者や流通業者の姿を想像することはあまりないであろう。だが、食の送り手の姿を想像し、食の送り手の仕事について理解しようとすることは、食リテラシーの中心であるべきだ。送り手を意識することが、個々の食品が自分や家族にとって問題あるものではないかを吟味することや、さまざまな食品の価値を味わうことにつながると考えられる。また、自分が家庭の中で食事を準備する側に立ったり、将来食にかかわる仕事に就いたりすることに対して、動機づけにもなるであろう。

9 「企業とつくる食育」へ

　ここまで述べてきたような食育を学校で進めるためには、食品関係を中心とした企業の協力が重要となる。食育基本法が食品企業の食育への貢献を求めているのは、大変意義深いことである。

　もちろん、企業が学校の授業に直接かかわることについては、慎重さが必要である。私たちNPO法人企業教育研究会では、これまでもさまざまなジャンルで企業の協力を得て授業を行ってきたが、常に意識していたことは、「協力企業の同業他社にお勤めの保護者が見ても、支持していただける授業を行う」ということである。当然、食育についても同じことがあてはまる。特定の企業や商品の宣伝になっていると誤解されるような授業にしてはならない。

　では、食育においては、企業のどのような協力が必要なのであろうか。

　第一に、食品の送り手が何をどのようにして食品を送り出しているかを、具体的に示してもらうことである。野菜やコメの生産から流通くらいは小学校の社会科でも扱うが、さまざまな加工食品がどのようにして提供されるかについての具体的な学習は教師だけの力で進めることが難しい。たとえば、加工食品が原材料の段階から消費者に届くまでどのような過程を経ているのかを知ることは、子どもたちの食リテラシーの向上に直接つながるであろう。

　第二に、消費者の満足のために食品を届ける仕事をしている人の姿を示すことによって、子どもたちの食への関心を喚起し、子どもたちが食品の価値を認識できるようになることが期待できる。ふだん何気なく口にして

いる食品の背後で働いている人の姿にふれれば、当該の食品を粗末に扱おうとはしにくくなるであろう。

　第三に、企業ならではの専門的な技術や知識を提供してもらうことである。 加工食品を実際に作ったり、企業の衛生管理の一部を体験したりという活動は、企業の協力なしには難しい。教師だけでは実現できないような授業を、企業の協力によって実現することが期待される。

　第四に、子どもたちが親しんでいる企業の協力によって、子どもたちの関心を高めることである。 子どもたちが好むメーカーや外食企業が授業にかかわれば、それだけで子どもたちの関心が高まる。もちろん単なる企業の宣伝に終わらないよう注意は必要であるが、子どもたちに親しみのある企業の取り組みを取り上げるだけで、子どもたちは強い関心を示すので、こうした企業がかかわること自体に意味がある。

　このように論じていくと、企業について肯定的にとらえすぎているように見えるが、もっと企業に対して批判的に見ていくことが必要なのではないかという疑問が生じるかもしれない。たしかに、子どもたちの食生活の変化は、食品企業の活動と大いにかかわっている。深夜まで営業しているコンビニエンスストアがあることが子どもたちの食生活を不規則にしていると言えるかもしれないし、総菜屋さんや外食産業の隆盛が家庭料理を圧迫しているように見えるかもしれない。ファストフードやファミリーレストランの食事は、メニューの選び方によっては栄養のバランスが悪い上に、エネルギーの過剰摂取を招きやすいとも言える。加工食品にはどのような食材が使われているかが見えにくく、劣悪な食材や怪しげな食品添加物が使われているのではないかと疑いたくなる。

　私はむしろ、こうした批判意識こそ、非常に重要だと考える。**食品企業の活動を批判的に見つつ、その一方で食品企業と協力して授業を行うことが、理想的なあり方だと考える。**

食品企業が学校教育にかかわれば、教師や保護者から企業の活動について疑問を出されることがある。そうした疑問に誠実に応えることなしには、継続的な授業づくりはできない。だからこそ、食品企業には継続的に学校にかかわってもらい、企業活動の全体を「食育に貢献する企業」の名に恥じないものにしつづけてほしい。私たちNPO法人企業教育研究会は「誰もが教育に貢献する社会」を目指して活動しているが、これはすなわち、「誰もが教育貢献に恥じない活動をする社会」の実現を願っているということでもある。

10 地域コミュニティ活性化と食育

　ここまで、主に大手食品企業を念頭において、「企業とつくる食育」について論じてきた。だが、もうひとつ別の観点から、「企業とつくる食育」について論じる必要がある。別の観点とは、**地域コミュニティ再生の観点**である。

　日本の多くの地域には、田んぼや畑があり、農業に従事する人々がいる。農家の多くは兼業であり、年輩の方々が多くを担っている場合が多い。このままでは後継者が少なく、日本の農業の未来は暗い。

　他方、時代の変化の中で、たとえば情報通信技術を活用して新しい農業の展開を試みる動きも生じている。全国でNPOやボランティアの活動が盛んであるが、同じような発想で農村地域を活性化することが多様な方法で可能であろう。

　農村地域だけではない。住宅地でも商業地域でも、失われた地域のつながりを、従来とは異なる形でつくっていこうという動きが多くなっている。かつて農村共同体を中心としていた日本社会は、都市化や団地化の流れを経て、地域のつながりが希薄な個人主義的社会へと移ってきている。だが、行き過ぎた個人主義の弊害を多くの人が感じ始め、地域のさまざまな課題を、NPOやボランティアの活躍によって解決しようとしている。特に、子育てに関しては、地域での支え合いは非常に重要であり、各地で多様な取り組みがなされている。

　地域での子育ての活動には、食にかかわる活動も多い。料理を通して食について学んだり、大人と子どもが混じって大人数で料理をしたりと、さ

まざまな活動がなされている。学校における食育が、こうした地域の活動とかかわることも可能であろう。

　以上のように、各地で地域コミュニティの再生が急務であり、学校における食育が地域の活動とつながることによって、子どもの食リテラシーの向上と地域コミュニティの再生とを、ともに関連した形で進めることが必要である。ここで、地域の企業等の事業者と学校とが連携することが求められる。また、大手食品企業と地域の食品事業者とにともにかかわっていただき、互いのよさを活かした連携ができれば、なお望ましいであろう。

11　社会に貢献するために食べる

　最後に、食育を支えるべき授業観あるいは学習観について考えよう。

　食育は、子どもたちにきちんとした食生活を送ることを求める。その際、子どもたちに対して教師や親は、何のためにきちんとした食生活を送ると言うのであろうか。おそらく、「あなたのため」「あなたが健康に生きていくため」と言うだろう。

　このことは、学習一般に対しても言える。教師や親は、「あなた自身のために勉強しなさい」と言うことが多いのではないか。
　だが、このような言い方には、問題がある。「自分のため」と言われれば、困難に出合ったときに「自分のためなのだから、自分さえよければ、どうなってもよい」という考え方に陥りやすいと考えられる。人間は、弱い。自分のためだけにできる努力には、限界がある。

　すなわち、食育も教育一般も、**利己的な学習観にもとづくのでは限界がある**。
　私は、次のように言いたい。
　きちんとした食生活を送るのは、立派な人間に成長して、社会に貢献できるようになるためである。
　勉強をするのも、立派な人間に成長して、社会に貢献できるようになるためである。

　もちろん、社会に貢献し、他者の役に立つことは、自らの幸せや生き甲斐につながる。結局は、自分一人だけが成功しようとするより、他者とのかかわりの中で自分なりの役割を果たすことが、自分にとってもよいこと

であるはずだ。そして、他者の役に立とうとすることが、困難を乗り越えて自らを成長させつつ歩んでいく力になるであろう。

　このような**利他的な学習観**にもとづいて食育を進めるためには、社会に貢献しようとする意識をもって働いている多くの方々の協力がほしい。消費者に安全でおいしいものを届けようとしている食品企業の力が、農業等の生産者の力と同様に必要である。

　「企業とつくる食育」の取り組みは、まだ始まったばかりである。今後、さらに多くの企業の協力を得て、「企業とつくる食育」を進めていきたい。

日本マクドナルド株式会社提供

食育の時間
インターネットコンテンツ紹介

http://www.chantotaberu.jp/

「食育の時間」冊子
無料配布中!!

各テーマ45分のモデル指導案を掲載
全国5校で実施した実践授業の模様を収録したDVD付き

詳細やお申し込みは下記HPをご参照ください
http://www.chantotaberu.jp/tool/index.html

賢く食べて食事と体の関係を学ぼう！
食育(しょくいく)

コッコとクックのアニメを見る！

右のメニューから選んでね！

▶募集コーナー　▶先生・保護者の方へ

1 時間目 好きなものだけ食べちゃいけないの？
2 時間目 ハンバーガーは何でできているの？
3 時間目 どうしてお腹がへるのかな？
4 時間目 私たちの食べ物は大丈夫？
5 時間目 みんなで食べるとおいしいね！

43

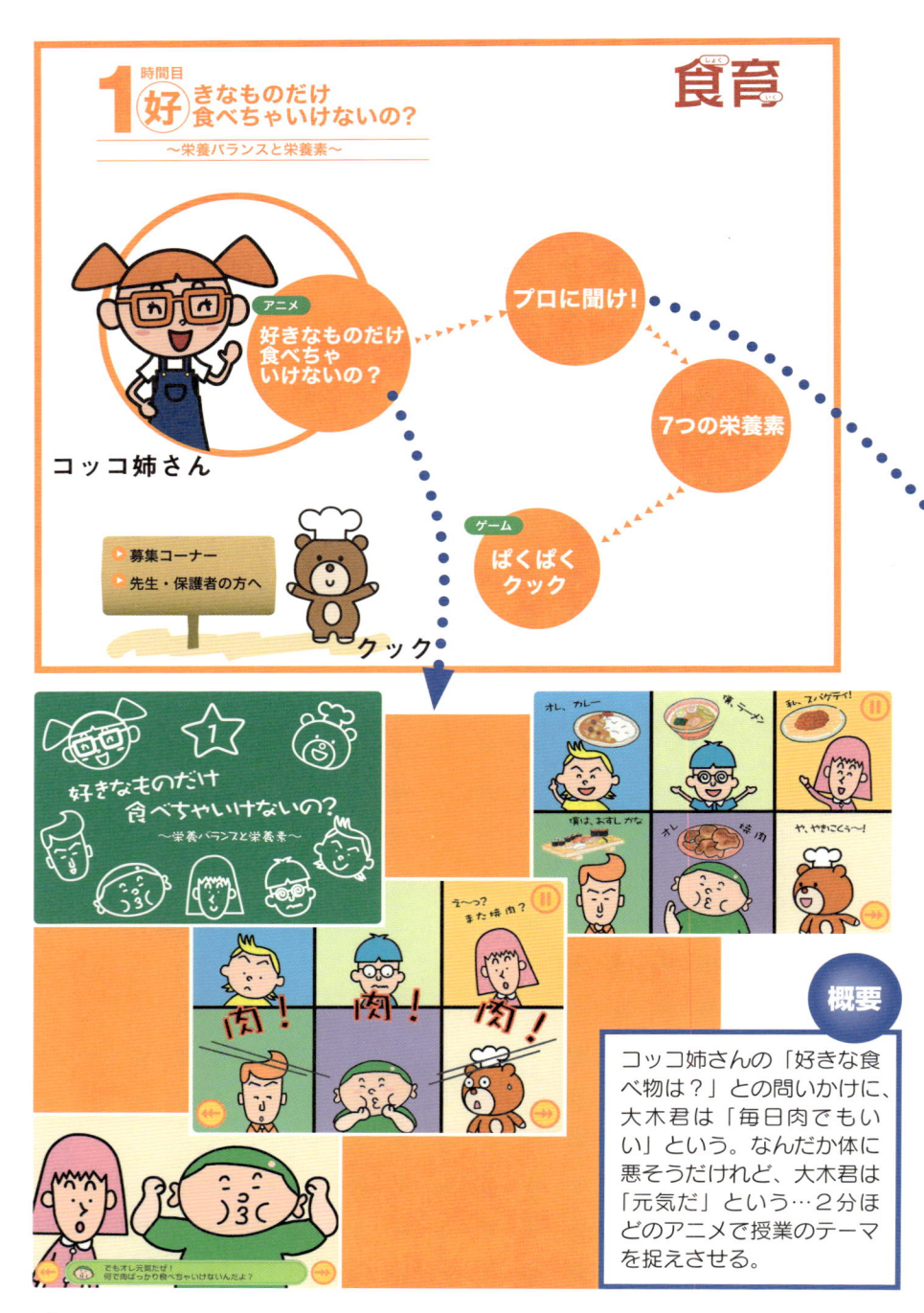

1時間目 好きなものだけ食べちゃいけないの？
～栄養バランスと栄養素～

食育

アニメ
好きなものだけ食べちゃいけないの？

コッコ姉さん

プロに聞け！

7つの栄養素

ゲーム
ぱくぱくクック

- 募集コーナー
- 先生・保護者の方へ

クック

概要

コッコ姉さんの「好きな食べ物は？」との問いかけに、大木君は「毎日肉でもいい」という。なんだか体に悪そうだけれど、大木君は「元気だ」という…2分ほどのアニメで授業のテーマを捉えさせる。

偏食は、多くの家庭で、食生活の大きな悩みです。「好きなものだけ食べたい!」という思いは誰もがもつものなので、ついつい子どもの機嫌を損ねないようにと、子どもの好きなメニューばかり出す家庭も多いようです。

　しかし、さまざまな食材が世界中から集まる現在、安全な食生活のために何よりも重要なのは、「リスクを分散する」という発想です。同じような食べ物ばかりを食べ続ければ、栄養が偏り、万が一、好きな食べ物に有害物質が含まれていた場合、有害物質が蓄積される恐れも高まります。「いろいろなものを食べる」ことの大切さを、子どもたちにはしっかりと学んでほしいものです。

　このための第一歩が、「栄養バランス」について理解することです。栄養素の分類については家庭科の授業でも扱われていますが、やや複雑で、十分に知識を身につけないままの人が多いようです。このサイトでは、楽しいゲームを通じて、栄養素の分類の基本を身につけてもらえるようになっています。ぜひ家庭や学校でご活用ください。

　栄養素の分類の基礎を学び、普段から栄養バランスに配慮した食生活を送っていれば、時には好きなものだけ食べても、問題はありませんね。子どもたちには、ときどき好きなものを食べることを目標にして、少しずつ偏食を克服してもらいたいものです。

プロに聞け!

牧野直子先生

管理栄養士、ダイエットコーディネーター、料理研究家。(有)スタジオ食（くう）代表。女子栄養大学卒業。在学中より栄養指導、食教育活動に携わり、独立後、雑誌、新聞、テレビ、講演、健康セミナーなどで幅広く活躍。

～元気の元はバランスよく食べること！～

大木くんは、「毎日肉でもいい」なんて言っていますが、肉ばかり食べていると体によくないのではないかと、みんなは思っているようです。でも、それがどうしてなのか…よくわからないのです。

相談1
「僕は今日テストがあるからがんばっててつやで勉強したんです。なのに1日中ボ～っとしちゃって、テストに集中できなかったんだけど、これも栄養素に関係あるのでしょうか？」

まごわやさしい
ま（豆）・ご（ごま）・わ（わかめ 海草類）・や（野菜）・さ（魚）・し（しいたけ きのこ類）・い（芋）

概要

大木くんの「毎日お肉でいい」という発言をきっかけに「バランスよく食べること」の大切さを管理栄養士の牧野先生と学べるようになっている。
7つの栄養素の働き（秘密）と日常生活のなかで栄養素に関係している出来事をキャラクターの相談に答えるかたちで、バランスよく食べることの大切さを学べるようになっている。

7つの栄養素 〜読み物・図解〜

みんな、毎日いろいろな食品を食べて生活しているよね。私たちの体は食べ物から栄養をとりいれることで元気に動いたり健康になったりしているんだよ。栄養の中でも特に大切なものは7つあげられます。ではその『7つの栄養素』にどんなものがあるのか、早速見ていきましょう！

見ていくですよ〜！

バランスが大事なわけですよ〜！

| たんぱく質 | 脂質 | 炭水化物 | カルシウム | ビタミンA | ビタミンB1 | ビタミンC |

たんぱく質 〜体を作る栄養素〜

私たちの身体は筋肉や骨、皮膚や髪の毛や爪、脳、内臓、血液などから作られる。その全ての部分の材料となっているのがたんぱく質なんだ。

【主にたんぱく質の含まれている食品】
肉、魚、牛乳・乳製品、卵、大豆、大豆製品

肉や魚、牛乳・乳製品、卵などに含まれている動物性たんぱく質と、大豆・大豆製品や穀類（こくるい）などに含まれている植物性たんぱく質の2種類があるのよ。

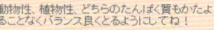

動物性、植物性、どちらのたんぱく質もかたることなくバランス良くとるようにしてね！

こんな食べ物に含まれているでチュウ！

【とりすぎの場合】
太りすぎにつながるので注意しましょう。

【不足の場合】
元気が出なかったりぼーっとしたりします。成長期にたんぱく質が不足すると、体や脳が十分に成長しない場合もあります。

1時間目 好きなものだけ食べちゃいけないの？
〜栄養バランスと栄養素〜

アニメ 好きなものだけ食べちゃいけないの？
プロに聞け！
7つの栄養素
ゲーム ぱくぱくクック
募集コーナー・先生・保護者の方へ

食育

脂質 〜体の中でもえて体を動かすエネルギーになる〜

私たちの体の中でもえて、体を動かすエネルギーのもととなる栄養素。それが"脂質"。少量でたくさんのエネルギーにかわる効率の良い栄養素なんだ。また体温を保つ働きもあるんだよ。

【主に脂質の含まれている食品】
肉、魚、牛乳・乳製品、植物油、卵、バター、マヨネーズ

魚の油に含まれているDHA（ドコサヘキサエン酸）は、脳の神経細胞を、動物性脂肪に含まれているコレステロールは血管壁や細胞膜を作っているのよ。
また、脂質はビタミンの吸収を助ける働きもある。
1日に必要な脂質は、動物の脂肪、植物の油脂、魚の油で、4対5対1くらいを目安にするといいわよ！

【とりすぎの場合】
脂質は体の中に貯えることのできる栄養素なので、とり過ぎると太りすぎにつながります。
注意しましょう。

【不足の場合】
体を動かすエネルギーがなくなったり、体温保持がうまく出来なくなってしまいます。体をしょうげきから守るクッションの役割もしているので適量をとりましょう。

概要

7つの栄養素について、私たちの体のなかで、それぞれがどのような働きをするのか、どのような食品にその栄養素が含まれているのかを解説。さらに【とりすぎの場合】と【不足の場合】の体の状態を示し、注意しなければならないことを伝えている。しっかり伝えている分、情報量が多いので、学年が低い場合はサポートが必要。
バランスよく食べることの大切さをさらに深められる。

46

概要

授業の成果はゲームで確認！
28のメニューから、栄養のバランスと表示されるカロリーに気をつけて、朝・昼・晩に食べたいものを選んで3回分の食事を考える。個々のメニューを選択すると7つの栄養素の含有バランスが表示されるようになっている。
3食分が完成すると、結果発表の画面となる。3回の食事の合計が、7つの栄養素別に表示される。各栄養素がどれも100になればパーフェクトだが、それぞれの栄養素に許容範囲が設定されていて、アドバイスが表示される。

たとえば、チーズバーガーひとつにしても、こんなバランスになるの。

たんぱく質のとりすぎは太りすぎにつながるから、注意してね。

2時間目 ハンバーガーは何でできているの?
～食品群とそのはたらき～

食育

- ゲーム：ハンバーガーチェック！
- アニメ：ハンバーガーは何でできているの？
- プロに聞け！
- ゲーム：6つにわけてみよう
- 募集コーナー
- 先生・保護者の方へ

概要

子どもたちに身近なハンバーガー。材料を思い出しながら作り始めるが、でき上がってみるとものすごいものに…食品群のバランスを考えるきっかけのアニメ。

48

つが、ハンバーガーです。1970年代に本格的に今や日本での定番の食べ物となりました。、手軽に栄養を摂ることに適した食べ物です。炭水化物や脂肪分が多く含まれますが、ビタけでは足りません。子どもたちが好むコンビニあるいは菓子や清涼飲料水でも、単独では栄養

がいっぱいになるかな」とだけ考えて、食べのような選び方では、ハンバーガーやおにぎってしまい、ビタミンやカルシウムの不足になる」ということだけでなく、「バランス1回あるいは1日の食事で補えない栄養摂取することが求められます。

ているハンバーガーがどんな食材で作られンスの観点から食材を「食品群」に分けどもたちが日常、「食品群」の観点で食品んでもらいたいと思います。

概要

ハンバーガーに使われている7種類の食品のそれぞれに含まれる栄養素やカロリー、使われている食材が各アイコンで調べられる。それぞれの食材ができるまでの過程も伝授。

プロに聞け！

～いろんな食品から、いろんな栄養素をとろ〔う〕

働きによって分けられている6〔群〕

ハンバーガーは何でできているのか調べてみたら、バンズ〔、レタ〕ス、タマネギ、チーズ…「7つの栄養素」もバランスよく含ま〔れているん〕です。

そうですね。バンズからは炭水化物。肉からはたんぱく質と脂質。レタスからはビタミンやカリウムなどのミネラルと食物繊維（せんい）。タマネギからはビタミンB1の働きをよくするにおいの成分を得ることができるんです。

1群 骨や筋肉を作り、エネルギー源になる食品
（主に、たんぱく質をおぎなえる食品）

この中でも、動物性のものが魚（ツナ缶も含む）、肉（ハム、ソーセージなども含む）、卵。植物性のものが大豆、大豆製品（納豆、豆腐など）で、そのどちらもバランスよく食べることが、たんぱく質の質も高めあうことになります。特に、魚や大豆製品の中には"成長のビタミン"ともいわれるビタミンB2が多く含まれていますし、また同時に脂質もとることができます。これは、1時間目にお話したように、体を動かすエネルギー源になります

"1群の食品は、肉を食べたからいいや"というスープだけなく、一緒に豆腐や納豆も食べ〔よう〕ボー豆ふ」や「肉豆ふ」〔も〕

2群 歯や骨を作り、体の各機能をととのえる食品
（主に、カルシウムをおぎなえる食品）

この中でも、カルシウム量が多く、また吸収しやすいものが牛乳や乳製品（チーズ、バター、ヨーグルトなど）です。でも、乳製品だけでカルシウムをとろうとすると脂質のとりすぎにもつながるので、海草類（ワカメなど）や小魚類（しらすぼしや桜エビなど、骨、またはからごと食べられるもの）も食べるようにしたいですね

給食で毎日飲んでいる牛乳には、そういうひみつがかくされていたんですね。

4群 体の各機能をととのえる食品
（主に、ビタミンC、ミネラルをおぎなえる食品）

5群 体の各機能をととのえ、エネルギー源になる食品
（主に、炭水化物をおぎなえる食品）

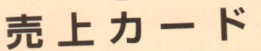

6群 エネルギー源になる食品
（主に、脂質をおぎなえる食品）

塾に行く前の間食は、スナック菓子よりおにぎり1個のほうが脳の回転もよくなる！

売上カード

㈱教育同人社
東京都豊島区東池袋4-21-1

企業とつくる食育

ISBN978-4-87384-105-2
C3037 ¥2000E

注文日　月　日

本体価格2,000円（税別）

50

いろんな食品から、いろんな栄養素をとろう！
～「6つの食品群」をバランスよく食べるには？～

● カレーライス

ルウの中にも、野菜や肉のエキスが入っていますが、具の中には"1群＝肉、3群＝にんじん、4群＝タマネギ、5群＝ご飯、6群＝調理用のバター"と、5群分の食品を一度に食べられるメニューであることがわかりますね。

これでデザートに"2群＝ヨーグルト"を食べれば、6群クリアですね！

● ラーメン

同じラーメンでも、チャーシューめん（1群＝肉、5群＝めん、6群＝調理用油など）よりはタンメン（1群＝肉、3群＝にんじん、4群＝キャベツ、もやし、5群＝めん、6群＝調理用油など）のほうが、より多くの食品を食べることができますね。

「ラーメン＋ライス」だと、5群の「ご飯」と「めん」がだぶってしまいますが、「ラーメン＋餃子」ならば、だぶりませんね。お弁当を買うときにも、「甘いパンと調理パン」よりは「甘いパンとサラダとヨーグルト」にしたほうが、バランスよく食べられますね。

概要

カレーライス・ハンバーグ・ラーメン・やきそば・寿司や焼肉など子どもたちの大好きなメニューに沿って、含まれている食品を食品群ごとに確認し、不足している食品群について補うためにどのような工夫をすればよいか具体的に提案している。
日々の食生活で子どもたち自身がバランスよく食べるようになるために役立つ。

2時間目 ハンバーガーは何でできているの？
～食品群とそのはたらき～

- ゲーム：ハンバーガーチェック！
- アニメ：ハンバーガーは何でできているの？
- プロに聞け！
- ゲーム：6つにわけてみよう
- 募集コーナー
- 先生・保護者の方へ

これから出てくる、いろいろな食品を6つの栄養素ごとに分けてこの表を完成させてね！

概要

各栄養素を主に含む代表的な24の食品を6つの食品群に分けるゲーム。正解するまで何度でも挑戦できる。各栄養素の働きについての復習もできるようになっている。

6つに わけてみよう

6つに わけてみよう

3時間目 どうしてお腹がへるのかな？
～基礎代謝ってなに？～

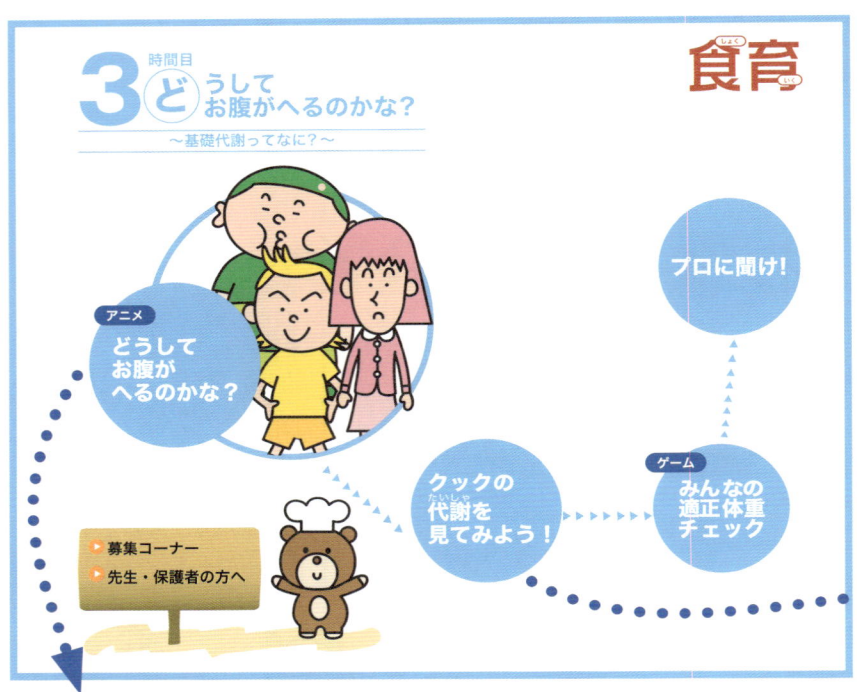

- アニメ：どうしてお腹がへるのかな？
- クックの代謝を見てみよう！
- プロに聞け！
- ゲーム：みんなの適正体重チェック
- 募集コーナー
- 先生・保護者の方へ

概要

ある日、みんなは、細井さんが給食のカレーライスを少ししか食べないことに気づく。体に力が入らないという細井さん。食べないことが体にどう影響するのかを考えさせるきっかけのアニメ。

52

子どもたちの中には、スリムな体型に憧れて、食事を減らしてやせようとする傾向が見られます。もちろん肥満は問題ですが、やせ気味にもかかわらず「自分は太っている」という自己イメージをもってしまい、ダイエットに励もうとする子どもも、少なくありません。

　太ったりやせたりすることは、食事で摂取するエネルギーと、運動等で消費するエネルギーとの関係によって決まることを、子どもたちに理解してもらわなければなりません。この時間では、私たちの身体がたとえじっとしていてもかなりのエネルギーを消費していることを理解してもらい、適切にエネルギーを摂取することの大切さを学んでもらえるようにしています。子どもたちが「お腹が減る」ということに敏感になり、「お腹いっぱい食べたから今度は控えめにしよう」とか、「今日はたくさん運動したから食事を多めにしよう」というように、運動と食事を調整できるようになってもらうことを、目指しています。

　また、この時間では、自分の適正体重を手軽に知ってもらえるコーナーを設けました。このコーナーは、大人の方にもつかっていただけるようになっています。日常的に体重をチェックすることは、健康管理のために重要なことです。家族で定期的に体重チェックをすることを通して、互いに過剰なダイエットや肥満を防ぐようにしていただければ幸いです。

クックの ～読み物・図解～ 代謝を見てみよう！

概要

体重40kgで1時間の消費カロリーを、クックに当てはめ、毎日の生活のなかでの活動にどのくらいのエネルギーが使われているか（代謝）を知り、運動することだけでなく、寝ているだけでもエネルギーが消費されていることを知る。

運動量の多いものがより多くのエネルギーを消費していたけど、普段の生活や寝ているだけでもエネルギーが消費されていることがわかってもらえたかな！

みんなの適正体重チェック

過剰なダイエットや太りすぎに気をつけ、食べることと運動することのバランスがとれた生活を意識できるよう、年齢・身長・体重を入力し、適正体重を知ることができる。

今の体重が適正なのか、知りたい？
- 今の体重が適正なのか知りたい
- 適正体重だけ知りたい
- 身長入力画面へ戻る

毎日30分。自分が好きなことから始めよう！

おいしく食べたら、適度に運動もしないといけないとのことですが、毎日かかさず運動するのは、たいへんそうです。

そうですね。確かに運動というと、〇〇、という気がします。でも"30分"〇ジしてみたらどうでしょう。つまものの前提、お尻、上半身、腕な〇いいのです。なにも走ったり、エア〇を大きく振って歩いたり、休み時〇カーをしたり、ダンスをするだけで〇型関係なく、20〜25分間以上体を〇せば、誰がやっても体内の脂肪が〇始めます。ただ、ここで気をつけたいのは、同じ30分間の運動をし〇その間にできる運動量には差があるということです。同じ50メート〇でも、7秒台で走る人もいれば、9秒台の人もいるわけで、そこに差〇るのはあたりまえのことですから、"どのくらいできたか"ではなく〇間自分なりに動く"ことが大切なのです。また、体に負担をかけずに〇手にエネルギー源を使うためには、食事をしてから1時間半〜2〇した方がいいです。

自分が好きな運動を知ることは、自分の体を知ることにもなるんですね。

そうですね。運動は成長に必要な刺激でもあります。幼稚園から小学校低学年までは、脳や身体が発達するときなのでその間にいろいろな刺激を受けた方がいいと言われています。それを過ぎ、さらに大人の体になろうと成長する皆さんにとって運動は、骨や筋肉を発達させる刺激になります。運動をしないと、せっかくとった栄養素も、筋肉や骨にならないですからね。
　今はサッカーに興味があったとしても、もしかしたらバスケット選手になりたくなるかもしれない…マイケル・ジョーダンだってバスケットと野球の両方でプロを目指しましたよね。将来何をしようか迷ったとき優れた神経と幅広い能力、そして元気に成長した体を手にしていた方が、選択の幅が広がりますよね。

プロに聞け！
～元気のために―おいしく食べて運動しよう！～

越智利国先生

体を動かすには、エネルギーが必要

人は、寝ているだけでもエネルギーを使っていたなんてビックリしました。

基礎代謝　　活動エネルギー

おにぎり1個のエネルギーを使うだけでもこんなに大変だなんて！確かに食べる量をしっかりと考えていかなければいけないですね。じゃあやっぱり食事の量はできるだけ減らした方がいいのでしょうか。

もちろんそうではありません。さっきの基礎代謝のように、食物からとるエネルギーは身体を動かす以外にも必要としているのです。体を動かすためのエネルギー源である栄養素は炭水化物、脂質、タンパク質ですが、その内、タンパク質と脂肪は体を作る材料でもあるわけです。皆さんはこれから成長していき、18～20歳になったころ、やっと大人としての体が完成します。成長期の皆さんは、身体を正常に成長させることを第一に考えてください。そのためには、よく食べ、よく動き、よく休むことが大切です。成長期に栄養状態が悪いと身体が未完成のまま大人になってしまいます。ですから、それまでの間に無理なダイエットをし、ダイエットの敵と思われがちなタンパク質や脂質をとらずにいると、ホルモン(※2)のバランスがくずれたり筋肉がおとろえたり、大人の体にな

炭水化物
脂質
たんぱく質

健康運動指導士、ヘルスケアトレーナープロフェッショナル・トレーニング・コーチ。オリンピック選手、国内トップアスリートのリハビリテーショントレーニングや医療機関での運動療法プログラムの作成指導、フィットネス・クラブ健康増進プログラムなど幅広い分野で活動する。世界最大のウルトラマラソンであるサロマ湖100Kmマラソンで、20年連続完走記録を持つウルトラ・マラソンランナーでもある。

栄養と運動――ここが聞きたい！

概要

相談1
この春、中学に入学して、大好きなサッカーを部活に選んだけれ〔ど〕習がハードでついていけないよ。どうしたらいいでしょうか。

新入部員となると、まず走ることが練習！というケースかもしれません。そうなると有酸素（ゆうさんそ）運動がメインになりますね。有酸素運動というのは充分な呼吸し、細胞に酸素を送り込む運動のことです。例えば長〔距〕走です。逆にすぐに息切れしてしまうような激しい運動〔は無〕酸素運動といいます。例えば短距離走です。
有酸素運動では、糖分をエネルギーとして使います〔が〕それを使い切ってしまうと代わりに脂肪を使うように〔なり〕要となります。マラソンの最中に、ハアハアと呼吸が激しい状態になってきますね。あ〔れは〕体が酸素をほしがっているから起こる現象です。確かに初めの内はきつく感じるかも〔しれ〕ませんが、毎日続けていると楽になってくると思います。それは毎日運動することによ〔って〕らず知らずのうちに体がエネルギーを上手に使えるようになってくるからです。サッカ〔ーで〕えば相手のパスをカットしたりする技術力とそれに反応できる神経と筋力。そしてエ〔ネルギ〕ーを上手に使える体を作ることが必要。それには毎日の運動が効果的といえるので〔、が〕んばってくださいね。

相談2
スポーツ選手は試合前、パスタとかジャガイモとか…炭水化物〔を食〕べるって聞いたからさっそくまねをして部活の試合前にしっかり〔おにぎ〕りを食べたんだけど、いまいちパワーが出せなかったんだよね〔。ちが〕うのでしょうか。

成長期にバランスの取れた食事を摂り、適度な運動することが如何に大切かを、科学的な裏づけとともに丁寧に説明している。基礎代謝と活動エネルギーや、食べるのは簡単だけれど使うのは大変！ということがよくわかる。
また、18～20歳になる頃やっと大人の体が完成するので、それまでの間に無理なダイエットをしてタンパク質や脂質が不足すると大人の体になりきらないまま老化が始まる…ということにはドキッとさせられる。

55

4時間目 私たちの食べ物は大丈夫？
〜衛生管理と食の安全〜

食育

- アニメ：私たちの食べ物は大丈夫？
- プロに聞け！
- ゲーム：クックの調理場衛生チェック！
- ビーンは見ていた！名探偵コッコの事件簿
- 募集コーナー
- 先生・保護者の方へ

概要
クックが作ったサンドイッチを食べた後、全員が急にお腹が痛くなり、救急車を呼ぶことに…問題提起のアニメ。

私たちの食生活で、何よりも大切なのは、「安全に食べる」ということです。現代の日本は衛生的になっているはずですが、O157による食中毒、BSEの問題等、食の安全が脅かされるニュースが報じられています。今や食材は世界各地から届ける時代で、流通経路や調理のされ方もさまざまです。身の回りの衛生から食材の生産・流通まで、幅広く「食の安全」について考えなくてはならない時代になっています。

　この時間では、主に衛生の問題を取り上げています。子どもたちは日常的に「よく手を洗う」という指導を受けていることと思いますが、手を洗うことの意味がどこまで理解されているでしょうか。手洗いは、外食産業における衛生管理でも基本となっていることです。食材を扱うプロの仕事ぶりから、手洗いをはじめ、冷凍・冷蔵や加熱等も含めた日常の衛生管理の意味を深く理解してもらいたいと考えています。

　また、私たちの食事に使われている食材が、どこからどのように届いたのかということに意識を向けることも、大変重要です。最近は、生産地からの流通の過程をたどることができる「トレーサビリティ」という考え方が重視され、スーパーマーケットの店頭などでも生産地が明示されることが多くなりました。生産・流通のしくみを知ることこそ、安全な食材を口にするための基礎だと考えられます。2時間目「ハンバーガーは何でできているの？」も活用していただき、食材についての関心を高める指導もしていただければ幸いです。

ビーンは見ていた！

〜読み物・図解〜
名探偵コッコの事件簿

この事件、名探偵コッコが解明してみせるわ！

概要　コッコ姉さんはみんながお腹が痛くなった原因が何か調査を開始。サンドイッチを作ったクックの調理過程に原因ありということを突き止める。

「クックが料理作るところぜ〜んぶ見てたビーン！ボクが録画したの見る？」

「ええー！見せて！見せて！」

57

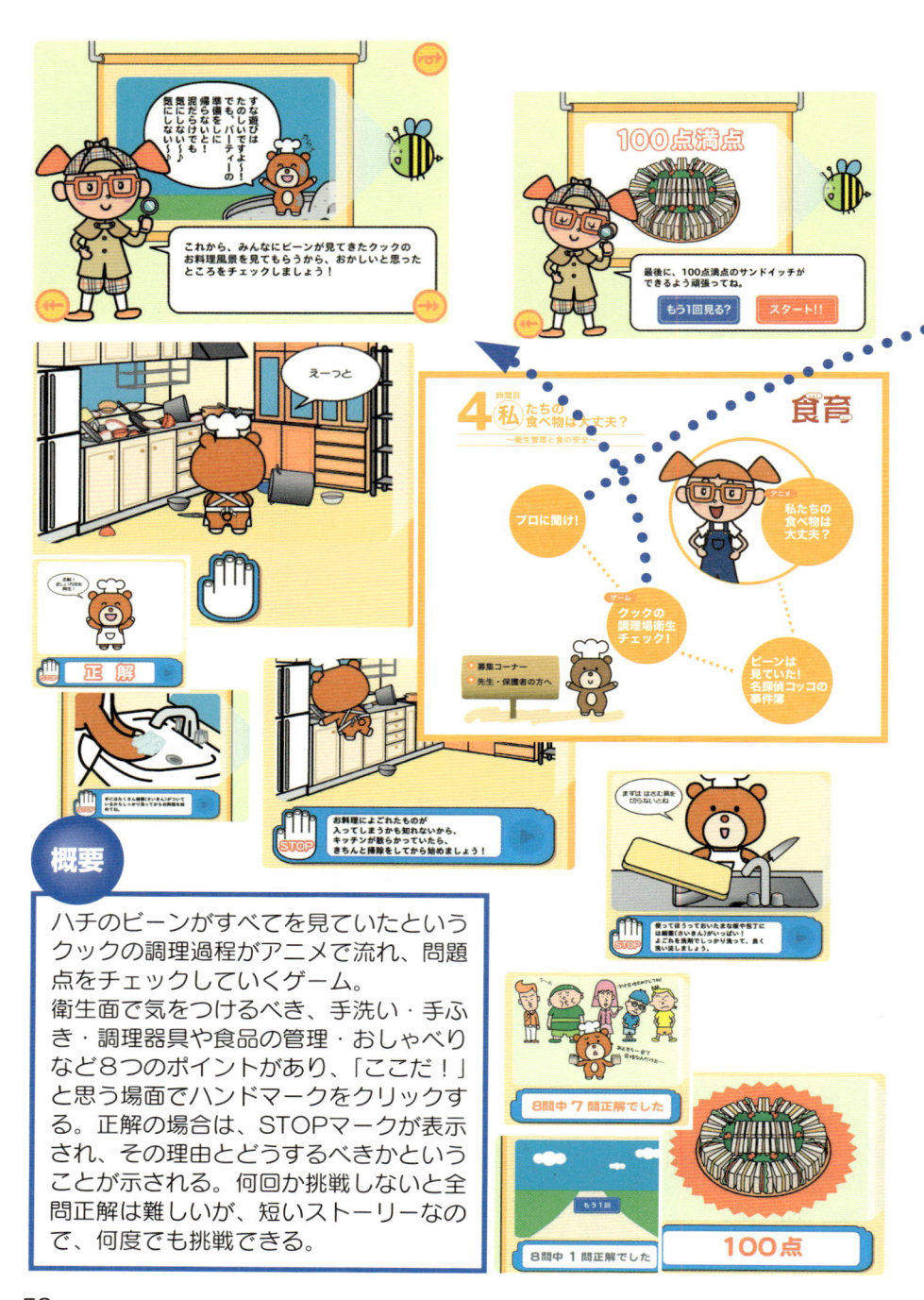

概要

ハチのビーンがすべてを見ていたというクックの調理過程がアニメで流れ、問題点をチェックしていくゲーム。
衛生面で気をつけるべき、手洗い・手ふき・調理器具や食品の管理・おしゃべりなど8つのポイントがあり、「ここだ！」と思う場面でハンドマークをクリックする。正解の場合は、STOPマークが表示され、その理由とどうするべきかということが示される。何回か挑戦しないと全問正解は難しいが、短いストーリーなので、何度でも挑戦できる。

プロに聞け！
～おいしく安全に食べるには～

草野　篤さん

1990年日本マクドナルド（株）入社、
店長を経て本社品質保証部門に異動し原材料工場の品質管理を担当。99年に品質管理統括センター新設に伴い異動し、全国の店舗を回り衛生管理の指導などを行っている。
そのほか、新商品開発での衛生検査、設備・調理器具類などの安全性確認を担当。
05年部署名変更により現所属。臨床検査技師の資格を持つ。

衛生管理のポイント

細菌をつけない　持ち込まない
- 手洗い
- 身だしなみ

増やさない
- 温度管理
- 時間管理

殺菌する
- 焼く・煮る
- 消毒など

牧場・加工工場 → 加工工場 → 配送センター → お店
※これはイメージ図です

概要

食品衛生にかかわるプロから、基本的な手洗いの方法や、衛生管理・食品の温度管理のポイント学び、学校や家庭での食生活を見直す際の参考にする。

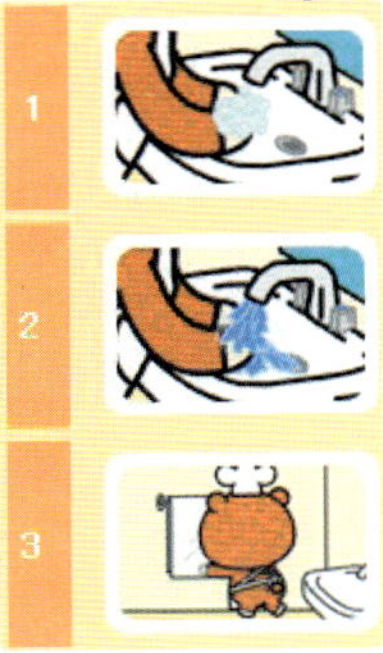

1. 石けんをよく泡立てて、指の間、手のひら、手の甲、手首、ひじまでを洗い、爪の中はやわらかいブラシを使って、全体で30秒くらいかけてしっかり洗う。

2. 流水で、泡や石けんのヌルヌルがなくなるくらいよく洗い流す。

3. 清潔なペーパータオルやハンカチ、手ぬぐいなどで水分をふきとる。

特に大切なのは"水でよく洗い流す"ということです。石けんでよく洗っても、汚れや石けんが手に残っていては、清潔になったとはいえないのです。"清潔にしたつもり"という思いこみが一番危ないことです。

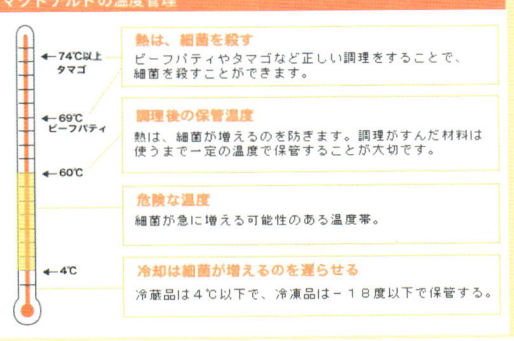

マクドナルドの温度管理

←74℃以上 タマゴ
熱は、細菌を殺す
ビーフパティやタマゴなど正しい調理をすることで、細菌を殺すことができます。

←69℃ ビーフパティ
調理後の保管温度
熱は、細菌が増えるのを防ぎます。調理がすんだ材料は使うまで一定の温度で保管することが大切です。

←60℃

危険な温度
細菌が急に増える可能性のある温度帯。

←4℃
冷却は細菌が増えるのを遅らせる
冷蔵品は4℃以下で、冷凍品は−18度以下で保管する。

5時間目 みんなで食べるとおいしいね!
～正しい食生活～

食育(しょくいく)

- アニメ　みんなで食べるとおいしいね!
- みんなで楽しむ1年のイベント!
- ゲーム　食生活チェックアンケート
- プロに聞け!
- 募集コーナー
- 先生・保護者の方へ

概要

社会情勢の変化、家族構成や価値の多様化により、子どもたちのなかにも孤食の傾向が広がってきている。いつも一人で食べているというお金持ちの金田くんを食事会に誘い、「みんなで食べるとおいしく感じる」ことを共有する。

食べることは、単に栄養素を摂取することでなく、私たちの生活の重要な要素であり、私たちの文化の柱でもあります。ところが、現代では、親の世代が朝食抜き等の不規則な食生活をとっていたり、おいしく食べることよりも手軽に済ませることが優先されてしまったりと、食生活や食文化の点で問題が生じています。「孤食」が多くなっていることも、大きな問題です。

　もちろん、あわただしい現代社会では、ファストフードやコンビニエンスストアを活用して手軽に食事を済ませることも必要でしょう。しかし、成長過程にある子どもたちにとっては、規則正しく食事や睡眠をとったり、1日に1回でも週に数回でも家族そろって会話を楽しみながら食事をしたりすることが、重要です。「朝食は必ず家族で食べる」とか「○曜日の夕食は家族みんなで食事を作って食べる」というように、家庭内で一定のルールを作り、子どもたちにとって豊かな食生活を守っていただきたいと思います。

　現代の日本は、食文化が大きく変化しています。伝統的な和食に加え、欧米流の食事も定着し、中華料理、韓国料理、東南アジアの料理なども珍しくなくなっています。多様なルーツをもつ料理を広く楽しんでしまうところが、日本らしさなのでしょう。次世代を担う子どもたちがさまざまな機会にさまざまなメンバーで楽しめるよう、豊かな食文化を築いていきたいものです。そのためにも、年に何回かは、子どもを中心として、食事を囲む楽しい集まりを催していただきたいと願っています。

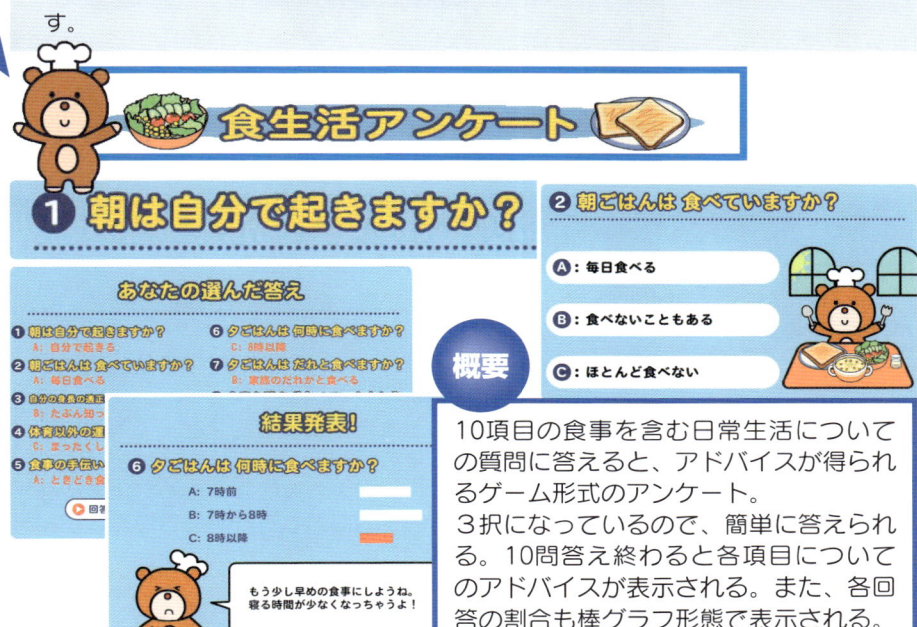

食生活アンケート

1 朝は自分で起きますか？

2 朝ごはんは 食べていますか？

- A：毎日食べる
- B：食べないこともある
- C：ほとんど食べない

あなたの選んだ答え

1 朝は自分で起きますか？
　A：自分で起きる
2 朝ごはんは 食べていますか？
　A：毎日食べる
3 自分の食事の満足
　　たぶん知っ
4 体育以外の運
　C：まったくし
5 食事の手伝い
　A：ときどき食

6 夕ごはんは 何時に食べますか？
　C：8時以降
7 夕ごはんは だれと食べますか？
　B：家族のだれかと食べる

結果発表！

6 夕ごはんは 何時に食べますか？
　A：7時前
　B：7時から8時
　C：8時以降

もう少し早めの食事にしようね。
寝る時間が少なくなっちゃうよ！

概要

10項目の食事を含む日常生活についての質問に答えると、アドバイスが得られるゲーム形式のアンケート。
3択になっているので、簡単に答えられる。10問答え終わると各項目についてのアドバイスが表示される。また、各回答の割合も棒グラフ形態で表示される。

61

プロに聞け!
～正しい食事ってどういうこと？～

越智利国先生

朝、昼、夜の食事はなんのため？

「お腹がすいたから、何か食べよー」と、何気なくしている毎日の食事。でも、3時間目のお話のように、"おいしく食べて適度に運動する"ことが大人になるためにも大切な事だとわかると、食事について、もっと知りたくなりました。朝、昼、晩のそれぞれの食事は、体にとってどういう意味があるのでしょう？

【朝食】
…脳に必要な唯一の栄養素は糖だという…もし朝食ととらずに…

【昼食】
…しっかり朝食をとってもお昼になると、体内のエネルギーや栄養素が少なくなります…

【夕食】
…疲れた脳や筋肉を回復させるため…でももうひとつ重要な意味を持っている…

5時間目 みんなで食べるとおいしいね！
～正しい食生活～

食育

アニメ みんなで食べるとおいしいね！

みんなで楽しむ1年のイベント！

ゲーム 食生活チェックアンケート

プロに聞け！

募集コーナー 先生・保護者の方へ

おいしく食べたら、適度に運動。その後は、たっぷり眠ろう！

概要

規則正しい生活のリズムのなかで、きちんと食事をする必要性を、プロの視点から科学的な裏づけをもとに伝えている。
3食の食事それぞれが、毎日を元気に過ごし、大人の体になるために、大切な働きをしているということを、子どもたちの生活に即して説明しているのでわかりやすい。
食事と運動と睡眠への改善も、毎日の生活を見直し、できるところから始めてみたら…と、子どもたちに寄り添ったアドバイスがあたたかい。

みんなで楽しむ1年のイベント！

私たちの回りには、食べ物に関係するイベントがたくさんあるわよ！

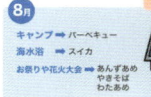

1月 お正月 → おせち料理

2月 豆まき → まめ / バレンタイン → チョコレート

3月 ひな祭り / 甘酒（あまざけ）・ひしもち・さくらもち

4月 お花見 → ちらし寿司

5月 子どもの日 → かしわもち

6月 潮干狩り → あさり

7月 七夕 → そうめん / 土用の丑の日 → うなぎ

8月 キャンプ → バーベキュー / 海水浴 → スイカ / お祭りや花火大会 → あんずあめ・やきそば・わたあめ

9月 お月見 → だんご

10月 運動会 → お弁当

11月 栗ひろい → 栗

12月 クリスマス → 七面鳥・クリスマスケーキ / 大晦日 → 年こしそば

パーティーの開き方講座

その1 何のパーティーをするのかを決めよう

「クリスマスパーティー」「誕生日パーティー」開くパ〜季節や招待する人も変わってくるよね。
まずは、どんな目的か・いつ開くのか・誰を招待するかパーティーの日には、招待する人のことも考えて決め〜
（おうちの人にも、相談しようね。）

その2 招待状を作ろう

その3 お部屋の準備をしよう

その4 料理の用意をしよう

その5 みんなで楽しめることを準備しておこう

その6 みんなにあいさつをしよう

番外編 あとかたづけも忘れずに

どんなパーティーが出来るかは、キミ次第！
楽しいパーティーを開いてね！

概要

地域や家庭での伝統的な行事にまつわる食べ物を思い出させたり、誕生日やクリスマスなどみんなで食事を囲む楽しさに気づかせ、主体的に取り組むためのヒントを提示。
毎日の食事の大切さとともに、時には、食事を囲む楽しい場をつくり、豊かな食文化を楽しむことを子どもたちに考えさせる。

好きなものだけ食べちゃいけないの？
～栄養バランスと栄養素～

授業データ

学年：小学校5年～中学校3年
授業時間：4時間
教科・領域：総合・健康

実践校・学年：
岩手県奥州市立水沢小学校
5年

授業のねらい

- 同じ食事をとり続ける弊害について理解することができ、自分の食生活を見直すことができる。

授業者からのメッセージ

成功した3要素 5年生で家庭科の知識が十分ではない子どもたちに、栄養について考えさせ、自分なりの食事プランを作らせる。少し難しいかなと感じていたが、それは杞憂であった。子どもたちは喜んで学習に取り組み、しかも内容のあるプランを作ることができた。その点では実に手応えのある授業になったと思う。

授業では次の3つの要素を重視し、うまくかみあった。

①デジタルコンテンツ「食育の時間」の特性を生かした内容にする。	②理解だけではなく、子どもたちが学びを発信する活動を組み入れる。	③本校栄養士をゲストティーチャーに招いてプロとして話していただく。

岩手県
奥州市立水沢小学校
佐藤 正寿

デジタルコンテンツは子どもたちの学習意欲を引き出し、調べ活動の貴重な資料となった。子どもたちが「発信する」という活動があったからこそ、調べ学習への目的意識も高まった。また、食事プランへの本校栄養士のアドバイスは、子どもたちに新たな視点を与えた。どれもがこの授業には不可欠な要素だったと思う。

高まった食への意識 この授業後、子どもたちの食への意識は確実に高まった。給食時も栄養素のことを雑談で話したり、実際に家庭で自作のプランの食事に取り組んだという報告を受けたりした。学びが一過性のものではないことを感じた。

今こそ必要な授業 今回の教材は、「食育授業をしたいが教材の準備が大変」と思っている人でも実践が可能だ。今後の広がりを期待したい。また、今回お世話になった日本マクドナルド、企業教育研究会、NHKエデュケーショナルの皆様に感謝したい。

好きなものだけ食べちゃいけないの？

指導計画

時間	学習活動	支援の手立て
1時間目	**同じ食事をとり続けていいの？** ① 食育サイトのアニメを視聴し、自分たちの好きな食事を話し合う。 ② 本時の課題を把握する。 ③ 同じものばかり食べていて、困る点について予想する。 ④ 同じ食事をする弊害について知る。 ⑤ 学んだことをまとめる。 　　　　　　　　　　　　次時の予告	・「好きなものだけ食べちゃいけないの？」のアニメを見せ、最終場面の、同じものばかり食べている弊害に着目させる。 ・Web「7つの栄養素」を活用して調べさせる。 ・着目する部分を指定し、ワークシートにわかったことを書かせる。 ・自分の食生活とかかわりを持たせてまとめさせる。
2時間目	**バランスのとれた食事って？** ⑥ 本時の課題「バランスのとれた食事に大切なものは何か」を把握する。 ⑦ 栄養素について知っていることを発表する。 ⑧ 「バランスのとれた食事例」として給食について調べる。 ⑨ 給食の献立を作るときに、何を大切にしているか考える。 ⑩ 学んだことをまとめる。 　　　　　　　　　　　　次時の予告	・「バランスがとれる」という言葉の意味を確認。また、「栄養」という言葉が出てくると思われる。そこから栄養素を手がかりにさせる。 ・「7つの栄養素」を活用。 ・一つの食品に多くの栄養成分が入っていることをマクドナルドの食品例をもとに教える。 ・「バランスのとれた食事」について栄養士の話を聞かせる。 ・自分が新たに知ったことを中心にまとめさせる。
3・4時間目	**バランスのとれた食事プランを作ろう！** ⑪ ゲームで一つひとつの食事には栄養成分に特色があることを確認する。 ⑫ 本時の課題を把握する。 ⑬ 個人で1回分の食事プランを作る。 ⑭ 食事プランを班内で発表をする。 ⑮ 友達の食事プランを見て、バランスのとれた食事で大切なことを考える。 ⑯ 学んだことをまとめる。	・前時の復習も兼ね、Webゲーム「ぱくぱくクック」で確認。 ・ゲームの紹介もする（授業終了後に行う）。 ・バランスの悪い食事例をゲームの中で示し、課題につなげる。 ・栄養素についてのヒント資料を準備する。 ・早くできた子は自分の食事に合うキャッチコピーを考えさせる。 ・自分の生活を振り返らせながら考えさせたい。

授業の実際

T：教師（授業者）　C：子ども

1時間目　同じ食事をとり続けていいの？

学習活動	支援・留意点
15分　同じものばかり食べ続けたらどうなるの？ ▶ まず初めに「食育の時間」サイトの1時間目「好きなものだけ食べちゃいけないの？」のアニメを見せて児童をひきつける。 T：じゃあ、君たちの好きな食べ物を班で話し合ってみよう。 ▶ 児童は、焼肉！味噌ラーメンと餃子！など口々に好きな食べ物を発表し合う。 T：アニメと同じように肉が好きな人？ ▶ 児童のほとんどが手を挙げる。 T：肉ばかり食べていたらどうなる？ C：心筋梗塞になる！ T：その理由わかる人？（手が挙がらない。）同じものばかり食べていると体に悪いってことは知っている人が多いけど、理由はちゃんとわかってないね。今日はこの理由も勉強しましょう。 **30分　栄養素って何？** ▶ 同じものばかり食べているとなぜ体に悪いのか、児童は自分たちで答えを予想した後、「食育の時間」ウェブサイトを使い、栄養素について調べ活動を行った。 　　　　　7つの栄養素 ●たんぱく質　●脂質　●炭水化物　●カルシウム ●ビタミンA　●ビタミンB1　●ビタミンC ▶ 教室に戻ってきて、まず児童は自分たちが調べてきたことを発表した。 C：たんぱく質、脂質、炭水化物はとりすぎると太りすぎになる。 C：たんぱく質は主に肉、魚、牛乳、大豆などに含まれている。 C：たんぱく質、カルシウム、ビタミンなどの栄養素はとり過ぎてもダメだけど、とらなさ過ぎてもだめなのでバランスよくとらなければいけない。	■パソコン ■プロジェクター （以下webを視聴する時には準備） ■ワークシート 👆 コンピュータルームに移動（調べ終わったら戻る。）

好きなものだけ食べちゃいけないの？

2時間目　バランスのとれた食事って？

学習活動	支援・留意点

10分　バランスのとれた食事を見てみよう！

▶ 次に、各栄養素にはどのような食材があるのか確認していく。家庭科の教科書に栄養素の分類表が載っていることに気づき、教科書を見ながら答える。

T：脂質にはどんなものがありますか？
C：バター、マーガリン、マヨネーズ。
T：炭水化物にはどんなものがありますか？
C：ごはん、パン。
T：それらは主に何のもとになる？
C：主にエネルギーのもと。

▶ 各栄養素に分類される主な食材を確認した後、ハンバーガーにどのくらい栄養素が含まれているのかを、マクドナルドの商品成分表を使って確認し、1つのハンバーガーにさまざまな栄養素が含まれていて、種類によっても違うということがわかった。

■家庭科教科書
■パソコン
■プロジェクター

■マクドナルドの食品標準成分表

15分　バランスのとれた食事を見てみよう！

▶ 栄養素についてわかったところで、この日食べた給食の栄養素とバランスを調べる。家庭科の教科書を見ながら献立のなかにあった食材全てを7つの栄養素に分類する。

■給食の写真

この日のメニュー　ごはん　すまし汁　牛肉のうま煮　ブドウゼリー　牛乳

1. ごはん→炭水化物
2. 牛乳→カルシウム
3. すまし汁の豆腐→たんぱく質
4. わかめ→カルシウム
5. しいたけ→ビタミン
6. うま煮の牛肉→たんぱく質
7. ねぎ→ビタミン
8. たまねぎ→ビタミン
9. ごぼう→ビタミン
10. たけのこ→ビタミン
11. もやし→ビタミン
12. にんじん→ビタミン
13. ほうれん草→ビタミン
14. デザートのぶどう→ビタミン

T：これを見て気づいたことある？
C：野菜と果物はほとんどビタミン。／野菜がたっぷり。

▶ 分類してみると、野菜が多いためほとんどがビタミンになっていることがわかる。

C：今日はビタミンがすごく多くて、でも脂質がない。

▶ 児童は、給食は栄養のバランスがいいということをなんとなく知っているため、全ての栄養素が入っていないことに戸惑いを隠せないようで、つぎのような意見も出る。

C：炭水化物とたんぱく質で十分なバランスがとれていたから脂質はいらなかったと思う。

学習活動	支援・留意点

20分 　　給食で大切にしていることを聞こう！

▶ ここで、栄養士の菊地先生登場。

菊地先生：このなかに脂質が含まれているものがあります。どれでしょう。

C：肉、牛乳！

菊地先生：そうですね。実は、牛肉には脂質も含まれていますし、牛乳もカルシウムが多いけれど脂質も含まれていますよ。一つの食材のなかでもいろいろな成分が含まれているんですよ。

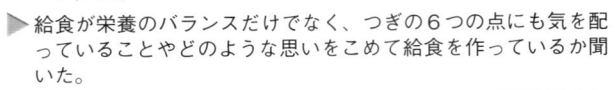

▶ 給食が栄養のバランスだけでなく、つぎの6つの点にも気を配っていることやどのような思いをこめて給食を作っているか聞いた。

①食事摂取基準　②主食、主菜、副菜、汁物　③味覚の幅
④旬の食材　⑤行事食、郷土食　⑥衛生、時間、予算

T：さて、給食には菊地先生が考えているキーワードがあるそうです。

菊地先生：水沢小学校の給食のキーワードは「人を良くする」です。

T：「食」という字を思い浮かべてください。

C：あー（納得）。

菊地先生：私たちは食べなきゃ生きていけないよね。人ってどんなものを食べるかによって体が決まるんじゃないかな。心も体も良くなりますようにという思いをこめて給食を作っています。

▶ 授業の感想を発表させると、「栄養素について詳しく知ることができた。これからも栄養のバランスについて考えたい」「毎日バランスのとれた給食を考えている栄養士さんはすごいと思った」などの意見が聞けた。

3・4時間目　バランスのとれた食事プランを作ろう！

学習活動	支援・留意点

17分 　　ゲームで1日のメニューを考えよう！

▶ 栄養バランスのイメージをコンテンツにあるゲーム、「ぱくぱくクック」で、確認する。画面を見ながら、教師が3食のメニューを選んでいく。児童は昨日の学習から、カルシウムが足りないことや脂肪をとりすぎていることを注意する。

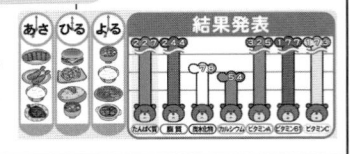

好きなものだけ食べちゃいけないの？

学習活動	支援・留意点

50分　バランスのとれた食事プランを作ろう！

▶児童の反応を受けて教師は組み合わせも大切だということを話し、今日の課題である「バランスのとれた食事プランを作ろう！」について説明する。

> 「バランスのとれた食事プラン」とは、
> 1. 栄養素がバランスよく入っている。
> 2. 給食を考える6つの基本を考える。

▶児童は家庭科の教科書や教師が配った資料を見ながらバランスのとれた食事プランを考える。

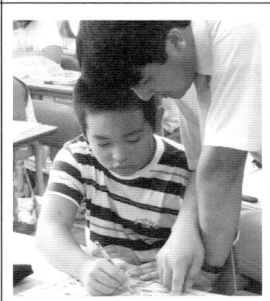

■ワークシート（P.70）

10分　発表しよう！

▶個人で食事プランを考えたあと、班で発表し合い、班ごとのベストプランを選び、発表した。菊地先生から、栄養面だけでなく、組み合わせや味覚、旬の食材などについてコメントをもらった。

C：キャッチコピーは「よくある家庭のご飯」です。主食はごはんで、主菜は秋刀魚です。副菜は春雨で汁物はわかめスープです。

菊地先生：今秋刀魚はどんどんおいしくなっています。旬の食材を使うのはとてもいいことです。スープにはカルシウムがとれるわかめが入っているし、ねぎやたまねぎ、野菜も入っています。サラダにも野菜が入っています。とてもバランスがいいのではないでしょうか。もしかしたら給食の献立にも入れられるかもしれません。

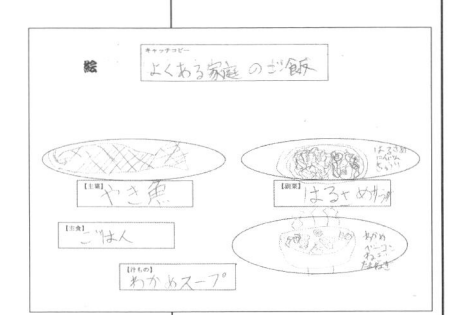

C：おー!!

13分　まとめ

▶食事プラン作りの要点をまとめさせ、学習の成果をこれからの自分の生活に生かし、毎回の食事の折に、栄養バランスを考えながら食べるよう伝える。

ワークシート

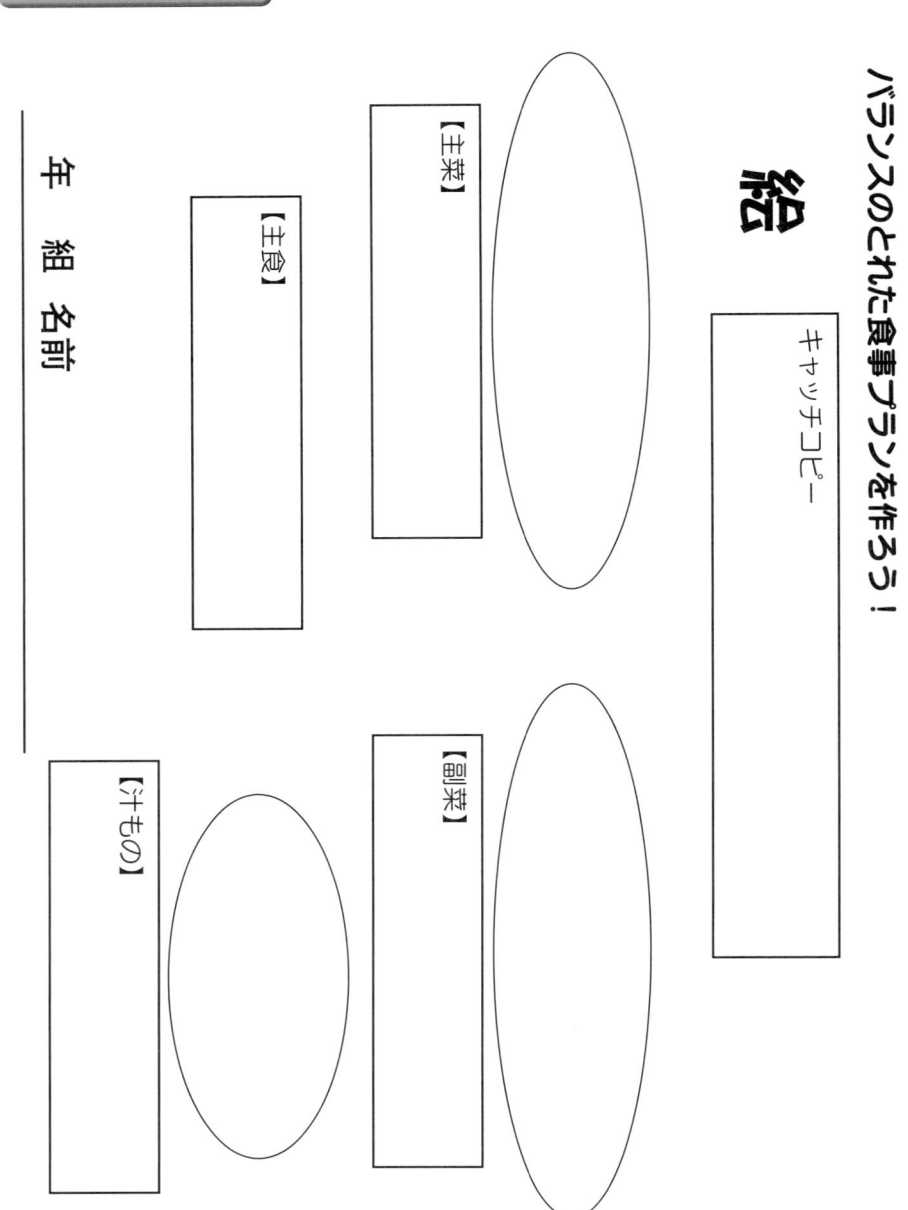

バランスのとれた食事プランを作ろう！

絵

キャッチコピー

【主菜】

【主食】

【副菜】

【汁もの】

年　組　名前

授業にかかわって…

　今回のお話を佐藤正寿先生から初めて聞いたとき、私は正直嬉しかった。子どものように「わくわく、どきどき」した。

　学校栄養士をやっていると、当然頭にはいつも「食育」「食に関する授業」がある。05年度から栄養教諭が導入され、私も、子どもたちに少しでも「食」について考えてほしいと思い、まだまだ少しですが、授業をしてきていた。

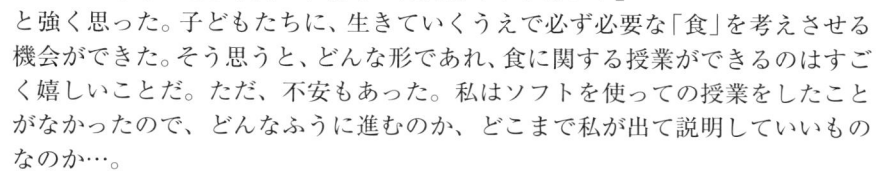

　そのようなとき、今回のお話をいただき「やりたい！」と強く思った。子どもたちに、生きていくうえで必ず必要な「食」を考えさせる機会ができた。そう思うと、どんな形であれ、食に関する授業ができるのはすごく嬉しいことだ。ただ、不安もあった。私はソフトを使っての授業をしたことがなかったので、どんなふうに進むのか、どこまで私が出て説明していいものなのか…。

　当日は、正寿先生の授業に私も引き込まれ終わったようなものだが、終わってみると、いろいろ反省はあるが、子どもたちからの感想がとても嬉しく、これからもやっていかなければならないと痛感した。

　今回のソフトは楽しみながら学べるので、大人の私も勉強になった。これからの目標は、ソフトに負けない授業、魅力的な授業をやっていきたいということ！（笑）とてもいい経験をさせていただきありがとうございました。

岩手県奥州市立水沢小学校　栄養技師　　菊地　万里子

児童の感想

- 今日は自分では栄養をとっているといってもかんぺきには選ばれていないことがわかりました。食事をとるときには、ちゃんとバランスがいい食事をとることが大切だと思いました。組み合わせをよくして食べたいです。

- 自分で栄養素がとれていると思っても栄養士の先生に聞いてみると、栄養素が少し足りないと言われました。食事プランを作ってみて楽しかったです。給食も残さず食べるようにしたいです。

- 食事プラン作りをして栄養のバランスのいい食事を作るのはとてもむずかしいことだと学びました。これからはなるべく栄養のバランスがいい食事をしようと思いました。あと出されたものは残さないようにしようと思いました。

2 ハンバーガーは何でできているの？
〜食品群とそのはたらき〜

授業データ

学年：小学校5〜中学校3年
授業時間：4時間
教科・領域：総合・健康

実践校・学年：
鹿児島県奄美市立名瀬小学校
6年

授業のねらい

- はたらきによって分けられている6つの食品群を理解することができる。
- 奄美の食材を取り入れたハンバーガーを考え、実際に調理することで、奄美の郷土食材に興味を持ち、理解を深めることができる。

授業者からのメッセージ

　私は、この授業を通じて、子どもたちに食の重要性を学んで欲しいと願った。また同時に、子どもたちに、学ぶことの楽しさを感じさせたかった。
　学ぶことの楽しさには、いくつもの種類がある。今回は、特に「人から学ぶことは楽しいことだ」というメッセージを伝えたかった。
　授業前に、子どもたちに「自分の持っているアイデアを、遠慮しないで提案しよう。専門家の声に耳を傾け積極的に学ぼう。」とアドバイスをした。
　普段はなかなか出会えないような専門家が授業に立ち会い、必要に応じて的確なアドバイスをしてくれるのだ。食材の選び方、調理方法、ちょっとした調理の技術……。
　私の期待どおり、子どもたちは、生き生きと、とても素直に、自信を持って語るプロの言葉と見せる技に感激し、学んでいた。どの班の奄美バーガーも、栄養の偏りがなく、見た目もそして味も合格点がもらえるできばえだった。この授業のあと、子どもたちは、栄養素や食材に興味を持つようになり、奄美の食材にもこれまで以上に詳しくなった。
　日本マクドナルド株式会社、牧野直子さんなど、その道のプロと連携した今回の授業は、子どもたちの学習意欲を高めるだけでなく、充実した学習展開や生きた社会につながることを実証できたと思う。
　また、今回、学校栄養職員、担任、保護者、名瀬小職員など学校関係者のほかにも地元の企業である水産会社や果物屋、郷土料理家など、私の持つ人的ネットワークも最大限活用した。このような授業を成功させるうえで、教師自身が常に社会とかかわり、個人レベルでのネットワークを形成することも欠かせないのではと思う。

鹿児島県
奄美市立名瀬小学校
蔵満 逸司
※06年4月より南さつま市立加世田小学校勤務

ハンバーガーは何でできているの？

指導計画

時間	学習活動	支援の手立て
1時間目（PCルーム）	**ハンバーガーは何でできているの？** （宿題として、食べたいハンバーガーの絵を描かせておく） ① 紹介されたハンバーガーにはさまれている食品に気づき、それぞれの食品は、そのはたらきによって6つに分けられることを知る。 ② 管理栄養士の牧野先生から、6つの食品群について説明を受け、さまざまな食品がどの群に入るか考える。 ③ 食品を6つの食品群に分けるゲームに挑戦し、6つの食品群とそのはたらきについての理解を深める。 ④ 奄美バーガーを作るために、プロからハンバーガーの作り方や気をつけていること・工夫していることを学ぶ。	☞ PCの準備をしておく。 ☞ できるだけ多くの食品が認識できるように紹介する。 ☞ 基礎食品群の白図で役割を伝える。 ☞ 専門家から教えてもらえることの貴重な機会であることを伝え、牧野先生を紹介する。 ☞ Webゲーム「6つに分けよう」を開かせ、やり方を指示する。 ☞ メニュー開発本部の深澤さんから、ハンバーガーの作り方（ビデオ）を説明していただく。 ☞ 奄美バーガーの参考になるように観察しながら試食するよう伝える。
	休憩時間を利用して、家庭科室に移動し、マクドナルドのハンバーガーを試食し、味や見た目、使われている食材などに注意して食べる。	
2時間目（家庭科室）	**奄美バーガーを考えよう！** ⑤ プロから新しいハンバーガーの商品開発のコツや条件を学ぶ。 ⑥ 班ごとに奄美の食材を使ったハンバーガーを考える。使用する食材がメインの食材は、くじで決める。選んだ食材は、どの食品群に入るかも書く。 ⑦ 各班で考えたオリジナル奄美バーガーを発表する。 ⑧ 手順を確認し、調理のアドバイスを受ける。食材の買い物に出かける。	☞ メニュー開発本部の深澤さんから、開発の視点などを伝授していただく。 ■ワークシート ■使用可能な食材リスト ☞ 牧野さんや郷土料理研究科の泉さん、学校栄養職員に相談役を依頼しておく。 ☞ 食材の商店での選定は、子どもたちに任せるが、購入は大人が立会い、保管は学校で行う。
3・4時間目	**奄美バーガーを作ろう！** ⑨ 支度をして集合し、手順を確認し、調理を始める。 ⑩ できあがったハンバーガーを試食する。ゲストからコメントをもらう。 ⑪ 片付ける。（⇒感想を提出する）	☞ 保護者や教師・ゲストティーチャーに調理の補助を依頼しておく。 ☞ ゲストティーチャーにお礼を伝える場を設定する。 ■感想用紙

授業の実際

T：教師（授業者）　C：子ども

学習活動	支援・留意点

1時間目　15分

ハンバーガーは何でできているの？

▶ この授業に際して、事前に奄美の郷土料理に使われる食材には、どのようなものがあるかを学習し、食べたいハンバーガーのイメージ絵を宿題にしておいた。

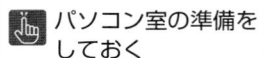

T：今日と明日の合計4時間、ハンバーガーを教材に食べ物のはたらきについて学習します。では、宿題に出したみんなが食べたいハンバーガーの絵をいくつか紹介します。

▶ 食材が重ならないように数枚紹介する。

T：みんなが描いてくれたハンバーガーには、いろいろな食品が入っていました。

▶ 基礎食品群の白図を示しながら、食べ物には役割があることを確認する。

T：今日は、食べ物の役割について教えてくださる管理栄養士の牧野先生が来てくれています。

牧野先生：こんにちは。私は、みんなが元気で健康な身体を作るアドバイスをする仕事をしています。今日は6つの食品群についてみんなと考えてみたいと思います。

▶ クリームシチューを例にあげ、考えていく。クリームシチューにはどんな食品が入っているか、それぞれの食品が何群に入るか、児童とやりとりしながら確認していく。

牧野先生：なんとクリームシチューに入っている食品で、6群全てがそろまるんです。

▶ それぞれの群には、似たような栄養を持っているものが集まっていることを説明し、魚や納豆、カボチャ、レタス、油などの、食品が、どの群に入るのか、考えていく。

牧野先生：食品が6つの食品群にわけられることをしっかり覚えてもらうために、これからゲームで練習をします。

支援・留意点:

☞ パソコン室の準備をしておく

● アイスサンデーフルーツバーガー
　ナタデココ、チョコチップ、
　クッキー、アイスなど

● フルーツバーガー
　フルーツがたくさん、
　メロンは丸ごと皮付きで。

■基礎食品群の白図

■ジャガイモ→5群（炭水化物）
■鶏肉　　　→1群（たんぱく質）
■たまねぎ　→4群（ビタミンC）
■人参　　　→3群（カロテン）
■小麦粉　　→5群（炭水化物）
■バター　　→6群（脂質）
■牛乳　　　→2群（無機質・カルシウム）

ハンバーガーは何でできているの？

学習活動	支援・留意点

10分　ゲームで食品を6群に分けてみよう！

▶ 1人ずつパソコンの前に座り、教師の指示に従い、『食育の時間』のコンテンツから、『2時間目』のゲームのページを開くよう指示する。

T：では、右側にある食品を、6群のどこに入るか分けてみましょう。

C：キュウリはどこ？

C：牛乳はどっち？

■パソコン

▶ 隣同士で聞き合いながら、ゲームに夢中になっている。全てきちんと分類でき、「パーフェクト」の文字が表示された児童は、大変うれしそうである。誇らしそうに、周りの人に「これはここ！」と教える姿が見られる。「できた！できた！」と喜ぶ子、なかなか正解にたどり着けず悔しそうな子。全員、何度も繰り返してやってみる。

T：はい、そこまでです。みんなには明日、この食品群の勉強を活かして、奄美の食材を使った、奄美オリジナルバーガーを作ってもらいますが、ここで、みんなにアドバイスをしてくださる方を紹介します。

15分　ハンバーガーの作り方を教えてもらおう！

T：このマーク見たことある？

C：あー、あるある！

■ビデオ

▶ 奄美には店舗がないため、マクドナルドを知らない児童がいることを考え、CMを2本視聴する。

T：この会社で、どんなハンバーガーを作るか考える仕事をしている、深澤さんです。

深澤さん：マクドナルドのメニューを考えています、深澤です。よろしくお願いします。

▶ 児童がハンバーガーを作る参考に、マクドナルドの厨房で、どのようにハンバーガーが作られているのかを、ビデオを見ながら説明していただく。

①お客さんからオーダーが入る
②バンズを焼く
③60℃の温かい台にバンズを置く
④マヨネーズをのせる
⑤レタスを置く
⑥温かい入れ物に入れてあるパティをソースにからめて、バンズにのせる
⑦ラッピングペーパーに包む

学習活動	支援・留意点

15分　本物のハンバーガーを食べてみよう！

👆 休憩時間を利用して試食タイムとする。

T：今日は、オリジナルバーガーの参考に、本物のハンバーガーを食べてもらおうと思います。これから家庭科室に移動して、手を洗って席に座っていてください。
C：え?!／やったー！
T：奄美バーガーを考える参考に、何が入っているかとか、味はどうかとか、見た目はどうかとか、しっかり観察してください。

▶入っている「レタス」や「パティ」といった食材が何群に入るのか確認する姿も見られる。

2時間目

10分　メニュー開発のプロにアドバイスをもらおう！

T：これから、深澤さんにメニュー開発するときのコツを話していただきますので、オリジナル奄美バーガー作りのヒントにしましょう。

▶深澤さんから、メニュー開発の過程や開発の時に注意することを聞き、奄美バーガーを考えるポイントを右のように整理した。

> **メニュー開発のポイント**
> ●ネーミング
> ●見た目　●味
> ●栄養（バンズとソース以外に3つ以上の食品群に含まれる食材を含むこと）

35分　オリジナル奄美バーガーの企画を考えよう！

T：では、さっそく考えていきますが、今からくじをひいてもらいます。「果物・野菜」「肉」「魚介類」のどれかが書いてあります。当たったもののなかからメインの食材になるものを決めてください。

▶食材の選定は、事前に調べて書いておいたワークシートを参考にしたり、牧野先生や郷土料理の専門家泉和子さんに質問したりして進めることを確認する。各班にオリジナルバーガーの食材と分量を記入するワークシートを1枚ずつ配布する。

■ワークシート

C：魚、何にしよう。
C：えらぶち！
C：とびんにゃ（貝）！
C：夜光貝！
C：みんな1群だ。
C：肉…。／豚／イノシシ／ハブ！ハブに決定！

ハンガーガーは何でできているの？

学習活動	支援・留意点
▶ どの班も活発に意見を出し合いしながら、いろいろな食材からメインの食材を決め、その食材に合いそうな食材やソースを考えていた。 牧野先生に食品群をチェックしてもらい、担任からOKをもらった班から、使用する食材を買いに行く。自分たちが調理する食材を選ぶのはとても楽しそうで生き生きとしていた。 （購入した食材は学校で翌日まで保管）	

3時間目

45分　手順を確認して調理しよう！

▶ 牧野先生から調理のポイントなど教えてもらいながら協力してオリジナルのハンバーガーを作りあげた。

1班	奄美フルーツバーガー 【島バナナ】カボチャ（のクリーム）・ホイップクリーム・マンゴー
2班	やきとり風うまっさトロピカルバーガー 【パイナップル】鶏肉・マンゴー・赤パプリカ・レタス　てりやきソース・時計草
3班	奄美シーフードバーガー 【とびんにゃ】夜光貝・ハンダマ（葉野菜）・タルタルソース
4班	奄美伊勢エビパラダイスバーガー 【伊勢エビ】トマト・レタス・タルタルソース（海ブドウ入り）
5班	奄美黒豚バーガー 【島黒豚】（塩こしょうで味付け）パパイヤ・ハンダマ・てりやきソース
6班	奄美まんきつバーガー 【ハブ】レタス・トマト・パパイヤ（いためたもの）・てりやきソース 【　】がメイン食材

4時間目

20分　奄美バーガーを食べてみよう！

▶ 「おいし〜い！」「甘〜い！（1班）」「鶏肉みたいな味がする！（6班）」ほとんどの児童は満足そうな表情である。

25分　試食のコメントを聞こう！

▶ 校長先生、牧野先生、深澤さん、泉さん、担任の梶原先生、学校栄養職員の冨松さんに試食してもらい、コメントをもらった。

校長先生のコメント

みんな、今日はとってもきらきらした顔をしていました。自分たちで選んで、自分たちで買ってきた食材で、おいしいものを作ろうとしたからですね。奄美の食材について勉強して、それを日本中に発信する、すばらしい勉強をしました。

▶ ゲストティーチャーにお礼を伝え、後片付けを指示する。

授業にかかわって…

　奄美の授業中、女子児童が「背が高くなりたいから牛乳をたくさん飲んでいるけれど、それは本当？太る気がするのだけど…」とたずねてきました。ゲームをやりながら自分の食生活がみえてきたのでしょう。彼女とは、牛乳はどうして背が高くなると思うのか、太る気がするのかを話し合ってみました。彼女の結論は「牛乳も飲むけれど、背を伸ばすことを手伝ってくれる他の食品も偏りなく食べるのがいい」でした。

　また、奄美バーガーを作る際に、子どもたちは各家庭でよく食べるものや食べ方の違いで意見を交換しあっていました。「食育」とは、このように食べ物をテーマにした会話が家庭や学校で自然にできることで培われるものだと思いますし、かつてはそうだったでしょう。それがあまりなされていない今、『食育の時間』はそのきっかけを作り、「ちゃんと食べる」ことの大切さに気づき、実践することを促すサイトであることを実感しました。

　このサイトは、利用するだけでも食事や健康に関心を持つことができますが、テーマにあった実習（学校で）や食事周りの手伝いなど（家庭で）を経験することで、より理解を深め、知識が身につき、この繰り返しが、賢く食べて健康を育むことの習慣化につながるものと思います。

スタジオ食　代表　管理栄養士　　牧野　直子

　授業を終えた後、以下の２つのことに、感動しました。
- 先生方や子どもたちが、本当に自分たちの地元奄美に誇りを持っていること
- 子どもの目の輝きがきらきら眩しく、本当に素直で純真なこと

また、関係者である自分が言うのも何ですが、正直"食"が身近に感じられるこのような授業を体験できる子どもたちがうらやましいとさえ感じました。初日に子どもたちがどんな食材を使用するか話し合っている時もそうでしたが、地元の食材（特に海産物・農産物）に関しての知識が豊富なことに驚きを感じました。自分の子どもの頃と比較した場合、随分違うなあと正直思いました。

　毎日日常となっている学校生活では関連が薄いが、自分たちの生活の場に近い"食"領域で、自分たちで考え決定したことを、事前の段取り通り実行し、チームとして実行し、達成できたことは、子どもたちにとって、ある種の自信と後々になっての良き想い出になってくれることを期待しています。
ありがとうございました。

日本マクドナルド株式会社　メニュー開発本部マネージャー　　深澤　公宏

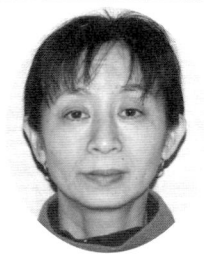

　子どもたちの大好きなハンバーガー。私のイメージは栄養が偏るというマイナスのものだった。でも、このプランには６つの食品群の中から３つの栄養素と奄美の食材を１つ入れることという納得できる指導案が盛り込まれていた。

　普段の食卓にはのぼらないハブの他、イセエビ、島豚、トゥビンニャ（貝）、夜光貝、パパイヤ、ハンダマ、マンゴー、島のバナナ、味噌などを使っておいしく仕上がっていた。「奄美まんきつバーガー」など、ネーミングも子どもたちの発想は凄い。このように食を考え、工夫することは奄美の子どもたちの将来にきっと反映することと思う。

郷土料理研究家　　泉　和子

児童の感想

- 私は、自分たちで、奄美の食材を使ってハンバーガーを作ると聞いて、パンに奄美の食材（伊勢エビ）が合うか心配していました。でも、実際に作ってみておもしろくて思っていたよりおいしかったです。また奄美の食材を使って調理してみたいと思います。
- ぼくは、奄美バーガーを作る時にどんな食材をどんなふうに作ればいいかぜんぜんわからなかったけど、いろいろな人に教えてもらって、島ブタバーガーを作る事ができたのでよかったです。
- 私は奄美フルーツバーガーを作って本当によかったと思いました。ふだんあまり食べられない食材を使って、自分たちオリジナルのハンバーガーが作れたからです。奄美バーガー作り、とっても楽しかったです。
- 私たちは、奄美の食材を使ってハンバーガーを作りました。そのとき、あらためて、奄美は自然のものが多くていいところだなあと思いました。

今回、奄美の食材を使ってオリジナルのハンバーガーを作ろうという取り組みに参加して、大事なことを学ばせていただいた。私自身、奄美大島に赴任しながら、地元ならではの食材をよく知らずにこれまで過ごしてきた。子どもたちの多くも、地元にどんな食材があり、どう調理すればいいのか知らなかったようだ。子どもたちと共に地元の食材を理解して、奄美のよさを感じることができたことをうれしく思う。また、この2日間は、いつも以上に子どもたちが輝いて見えた。こういった素敵な機会を与えてくださった方々に心から感謝している。ありがとうございました。

鹿児島県奄美市立名瀬小学校　教諭　梶原　勇人

今回、食育の一環である「奄美ハンバーガーを作ろう」の授業に参加させていただいた。WEBサイトを活用した授業では、ゲームを楽しみながら「食」について学ぶことができたようだ。ハンバーガー作りでは、ファーストフードと島の食材がどう組み合わさるのか、とても楽しみだった。子どもたちが考えたハンバーガーは、どれも独創的で、大人には、考えつかないような素晴らしいものとなった。今回の授業をとおして学んだ、味だけではなく見た目や彩り、そして何よりも栄養バランスを考えた食事作りを、これからの食生活に少しでも役立てて欲しい。そして、家庭での食事にも奄美大島の食材や郷土料理を取り入れてもらいたいと思っている。

鹿児島県奄美市立名瀬小学校　学校栄養職員　冨松　あかね

どうしてお腹がへるのかな？
～基礎代謝ってなに？～

授業データ

学年：小学校5年～中学校3年
授業時間：3時間
教科・領域：総合・健康／学級活動

実践校・学年：
千葉県印旛郡本埜村立
本埜第二小学校　6年

授業のねらい

- 基礎代謝を含めた自分の生活に必要なカロリーがどれくらいかを調べ、そのために摂取すべき食事について考えることができる。
- カロリーの過不足が与える身体への悪影響を理解し、自分の生活を振り返り、今後に生かすことができる。

授業者からのメッセージ

　授業をしたクラスは、肥満傾向にあるのは1名だけで、その他は標準かやせ気味、やせすぎのレベル。偏食、少食の傾向がある子が多く、それを自覚しているからか子どもたち自身が学級目標の1つに「給食を全部食べるクラス」を掲げていたが、なかなか達成できない子どもが多かった。このことは、「食」の重要性に気づいていないということでもあった。
　そこで、今回の授業では「何のために食べるのか？」ということを一人ひとりが自分自身の将来を考えてとらえるようにしてほしいと考えた。
　授業では、耳慣れた言葉「カロリー」というものが体の中でどのようなはたらきをしているかを学んでいった。そして、基礎代謝を測定したり、持久走をして消費カロリーを割り出したり、それを摂取カロリーと比較したりする中で、「自分の生命を維持したり、長らえたりしていくため」に欠かせないもので、そのために「食べている」のだということをとらえることができた。
　さらに、「20歳までに身体がしっかりとできあがらないと、将来自分自身が困ることになる。そうならないためには食事だけでなく、運動も大事であり、12歳の今だからこそ、これから先の8年間が大変重要である」と授業に協力いただいた健康運動指導士の越智先生がスキャモンの発達曲線を用いて非常に説得力のある話をされた。子どもたちは、「何のために食べるのか？」ということを深く心に刻んだ様子だった。
　授業の後、子どもたちに2つの大きな変化が起きた。まず、給食の完食率が格段にアップし、目標を達成するに至ったこと。もう一つは冬季の早朝陸上練習に多数の子どもが参加するようになったり、学級全員で長縄跳びにおける8の字跳びの競技で最高新記録を目指して熱心に取り組んだりする等進んで運動する子が増えたこと。明らかに食や運動に対する意識が変わった。
　「食育」というと食べることを中心に考えがちだが、運動の重要性も含めた「食育」がこれからは必要であろうと今回の授業を通して深く感じた。

富里市教育委員会
古谷　成司
（元本埜村立本埜第二小学校教諭）

どうしてお腹がへるのかな？

指導計画

時間	学習活動	支援の手立て
1・2時間目	**元気がなくなったわけを考えよう！** ① コンテンツのアニメ「どうしてお腹がへるのかな？」を視聴し、細井さんの元気の出ないわけを考える。 **エネルギーについて知ろう！** ② 健康運動指導士の越智さんから、エネルギーは、活動するためや、体を維持したり成長したりするため（基礎代謝）に使われてことを学ぶ。 **基礎代謝を測定しよう！** ③ 体重体組成計（体脂肪計）を使って基礎代謝を測定する。 **エネルギーの消費を体感しよう！** ④ 越智さんの指導で、エネルギーの消費を体感するために、7分間校庭をランニングする。教室に戻り、一人のランニングによるカロリー消費の数値がどのくらいか、体重をもとに計算する。 ⑤ コンテンツ「クックの代謝を見てみよう！」でエネルギー消費体験について振り返る。	パソコンとスクリーン ■ワークシート① 体重体組成計に、身長・体重等を入力しながら測定する。基礎代謝の数値は、エクセルに入力する。 各個人の体重のデータを調べておく。 事前に1日の活動別の所要時間を調べさせておく。測定した基礎代謝量と活動別所要時間をエクセルで作成したシート（1日の消費エネルギーを割り出す表）にデータ入力し3時間目の資料とする。 ■パソコンとスクリーン
3時間目	**一日に必要なカロリーはどれくらい？** ⑥ 一人ひとりが必要としているカロリーと摂取しているカロリーの比較をし、過不足を知る。また、カロリーの過不足がもたらす身体への影響について考え、グループごとに話し合う。 **生きていくための食事って？** ⑦ 越智さんより、身体の成長と食事の関係について学ぶ。 ⑧ 授業の感想を伝え合い、まとめをする。	事前の食事調べから1日の摂取カロリーを計算し、資料として作成しておく。 【○○さんの1日にとっているカロリー】 ■ワークシート② ■アンケート用紙

授業の実際

T：教師（授業者）　C：子ども

学習活動	支援・留意点
1・2時間目	
15分　細井さんはどうして元気がなくなったのかな？	■パソコン ■プロジェクター ■スクリーン （以下webを視聴する時には準備） ■ワークシート
▶食べる量を減らしてやせようとしている細井さんの様子から、食べることの意義を考えていくきっかけとなるアニメ「どうしてお腹がへるのかな？」を視聴する。 T：細井さんは、食べないかわりに動かないようにしているのに元気がなくなってきているのはなぜだと思う？ C：朝ご飯を食べないから1日の動く体力がなくて元気がでないのではないか。 C：動かなくても頭を使って考えたり喋ったりすることにもエネルギーを使うから。 C：運動するためのエネルギーが内臓の機能を助けるために働いてしまうから、動けなくなって元気がなくなるのかもしれない。 ▶発表が進むにつれ、「エネルギーにはいくつかの種類があるのではないか？」という意見にまとまってくる。だが、まだ子どもたちはエネルギーについてはっきりと理解できていないようであり、混乱してしまっているようである。	
10分　エネルギーについて知ろう！	
T：サイトに「プロに聞け！」とありますが、今日は特別にプロを呼んできました。 ▶健康運動指導士の越智利国さんを紹介する。突然のプロの登場に子どもたちは興奮した様子である。 越智さん：越智といいます。よろしくお願いいたします。さっそくですが、エネルギーについて考えていきましょう。エネルギーが何に使われているかというと、体を作るための材料と、動くためのエネルギーに使われています。そしてじっとしているためにも必要なエネルギーがあります。そういう維持するために必要なエネルギー量を「基礎代謝」といいます。	

越智さんの話のまとめ

エネルギーとは
①じっとしている（＝身体を維持する）ためにもエネルギーが必要である。
②エネルギーは成長するための材料となる。
③①、②をあわせて「基礎代謝」という。
④動くためにもエネルギーが必要である。（活動エネルギー）
⑤使うエネルギーは人によって違う。

どうしてお腹がへるのかな？

学習活動	支援・留意点

25分　基礎代謝を測定しよう！

■体重体組成計2台

T：これから、自分が1日に基礎代謝としてどのくらいのエネルギーを使っているのか調べます。

▶体重体組成計を子どもたちに見せ、使用方法の説明をしたあと、基礎代謝を測定した。

25分　エネルギーの消費を体感しよう！

▶全員の基礎代謝を測定したあとで、活動エネルギーの消費を体験するという目的で校庭へ出て実際に走る。

越智さん：速ければいいとか、遅くちゃだめとかではありません。自分のペースで走ったときに消費するエネルギーが自分に必要なカロリーということです。自分のペースで7分間歩かずに頑張ってみましょう。

▶越智さんの指示に従い、楽しそうに準備運動をする。スタートラインに並び、緩やかな合図で、グランドを走りはじめる。時間が経つにつれて差が出てくる。何週目か把握して声をかける。越智さんも遅い子どもに合わせながら一緒に7分間走る。走るのが速い子ほどオーバーペースで走る傾向が見られた。7分終了後、越智さんは、プロならではの視点で、整理運動をしながら、子どもたちの柔軟性や運動能力などについてアドバイスをくださった。

15分　自分の消費カロリーを計算してみよう！

越智さん：じゃあ、自分の7分間走で使ったエネルギーを割り出してみましょう。5周走った人は0.104、6周走った人は0.126。自分でこの式（板書）を書きとめて、割り出してください。

▶各自黒板の係数を元に自分の消費カロリーを計算する。

【例】体重45kgの児童が8周走った場合
0.170×45(kg)×7(分)＝53.55(キロカロリー)

C：たったこれしか消費してないの？
C：ケーキが一つ350キロカロリーくらいあるんだって！
C：うそー！
C：ぼくは、かなり消費している！

▶思ったより消費カロリーが少ないことや、他の食品のカロリーと比較して、消費カロリーの少なさに驚いていた。

消費カロリーを計算する式
グランド1周は140m
7分間で何週走れたかで計算

〈5周走った場合〉
　＝0.104×体重×7分

〈6周走った場合〉
　＝0.126×体重×7分

〈7周走った場合〉
　＝0.148×体重×7分

〈8周走った場合〉

〈9周走った場合〉
　＝0.192×体重×7分

〈10周走った場合〉
　＝0.208×体重×7分

学習活動	支援・留意点
T：これから「1日に使うエネルギー」の表を配ります。1日の活動で消費したエネルギーを調べたものと先程測定した基礎代謝をたすと、自分が1日に使うエネルギーが大体わかります。 ▶事前に1日の活動別の所要時間を調べてさせておく。測定した基礎代謝量と活動別所要時間をエクセルで作成したシート（1日の消費カロリーを割り出す表）にデータ入力すると自動的に1日の消費カロリーを割り出すことができる。 「カロリー」というのは、食べ物から得られる「エネルギーの単位」であることを説明する。また、活動エネルギーの数値はあくまでも「ある1日」のデータであることと、一人ひとりの消費カロリーには違いがあることを伝える。 C：ずいぶんエネルギーを使っていると思った。 C：もっと使っているかと思ったのに意外と使っていなかった。	

3時間目
20分 　一日に必要なカロリーはどれくらい？

▶アニメ「どうしてお腹がへるのかな？」の続きを視聴する。

T：自分が1日に必要としているカロリーと自分が1日の食事でとるカロリーが同じなら、理想的ってことになるよね。これから、先日の食事の調査から、それぞれのメニューの平均的なカロリーを計算した表を渡します。

▶一人ひとりにある1日の食事の総カロリーを計算した表を配り、自分の1日の消費カロリー表（前時に配布した資料）とを比較させる。1日にどれくらいカロリーをとりすぎているのか、または足りていないのかが「見てわかる」ようになっている。
子どもたちは、摂取カロリーと消費カロリーの二つの数字を見比べ、感想を述べ合った。

C：先生足りない〜！
C：とりすぎてるよ！
C：私は、ちょうどいい感じ！

▶二つの数値の差を疑問に思い、計算しなおしたり、今後どうすればよいかを考えたりしている子どももいたので、このデータはたった1日のもので、完全に正確なデータでもないことを再度伝えたうえで、つぎの質問をした。

T：これからもずっとカロリーをとりすぎたり、足りなかったりする状態で生活していったら体にどんな影響があるだろう？

▶カロリーをとりすぎる場合と足りない場合の2つに分けて、それぞれ予想される身体への影響を考えさせた。

どうしてお腹がへるのかな？

学習活動	支援・留意点
カロリーをとりすぎる場合 ●あまり動けなくなる。　　　●疲れやすくなる。 ●血液がドロドロになる→血管に血の塊→脳梗塞 ●心臓に脂肪がつく　　　　　●息切れしやすくなる ●関節が痛くなる　　　　　　●糖尿病 ●コレステロール値が上がる。●成人病（生活習慣病） ▶TVなどの影響か、かなり難しい単語を知っているが「意味を説明できる人？」という問いには答えられない子どもが多い。 **カロリーが足りない場合** ●痩せる　●動かなくなる　●疲れやすくなる ●骨が折れやすくなる　●身長が伸びない ●筋肉が弱くなる　●元気が出なくなる ▶カロリーが足りない場合のほうが細かい病気の名前などはあがらなかったが、カロリーを多くとりすぎている場合と共通しているものがあるということがわかった。	

15分　生きていくための食事って？

▶授業の最後に、越智さんが、子どもが成長するために食事や運動がどれだけ大切か、スキャモンの発達曲線を用いてわかりやすく説明してくださった。子どもたちは、熱心に聞き入り、この授業の活動を通して、食事や運動にとても興味を持ったように感じた。

■スキャモンの発達曲線の資料（P.86）

越智さんの話

　食事はバランスが大切です。若い頃に栄養に気をつけない食事をしたり、また、成長しきった（成人した）後も体を鍛えることを怠ると元気な体ではいられません。人の体は20歳までにできあがるといわれています。20歳までに身体がしっかりできるようにしないと、できあがらないまま老化が始まり、将来自分自身が困ることになります。そうならないためには食事だけでなく、運動することも大事です。12歳の今だからこそ、これから先の8年間がとても重要で、人生を見通した食事の大切さを考えていってほしい。

10分　まとめ

C：これから成長するってわかって安心した。
C：自分の1日のエネルギーがどれくらいか知ることができてよかった。
C：20歳をすぎても栄養や運動に気を付けようと思った。
越智さん：生きている間は栄養と運動はずーっとあることだから、今日をきっかけに研究してもらえるといいと思います。

1日に使うエネルギー（カロリー）

＜基礎代謝のエネルギー：生きていくための最小限必要なエネルギー＞
1334 Kcal

＜活動に使うエネルギー＞
2825.022917 Kcal

活動内容	予定時間(分)	活動時間(分)	身体活動	使ったカロリー(エネルギー)
睡眠時間		510	0.9	612306
朝の準備時間		15	1.7	34017
朝食時間		15	1.6	32016
登校時間(歩き)		20	3.3	88044
登校時間(自転車)			3.8	0
登校時間(車)			1.4	0
バスケ練習(あり)	20	20	5.0	
バスケ練習(なし)			1.4	
午前中教室にいる時間(授業を含めて)	230	230	1.8	
準備運動	5	5	4.7	
マラソン練習	10	10	7.2	
業間休み(校舎の中)	20	20	1.5	
業間休み(グランド)		20	6.2	
給食時間	50	50	1.6	
昼休み(校舎の中)	25		1.5	
昼休み(グランド)	25	25	6.2	
そうじ	25	25	4.7	
午後中教室にいる時間(授業を含めて)	65	65	1.8	
下校時間(歩き)		20	3.3	
下校時間(自転車)			3.8	
下校時間(車)			1.4	
自由時間＋遊ぶ時間(家で)		290	1.7	
自由時間＋遊ぶ時間(外で)		120	5.0	
家庭で勉強する時間		30	1.8	
夕食時間		30	1.6	
習い事(運動)			5.0	
習い事(運動なし)			1.7	
入浴時間		30	3.5	
合計		1530		

山川 由香里(仮名) さんが1日に使うエネル
kcal

山下 由香里(仮名) さんの1日にとっているカロリーは 3334 kcalです。

＜朝食＞

食事の名前	カロリー
ご飯	263
みそ汁	53
納豆	40
豆腐ステーキ	250
めかぶ	6
果物	27
合計	639

＜昼食：給食＞

食事の名前	カロリー
ロールパン	231
タラアーモンドフライ	161
コーンと野菜のソテー	96
トマトスープ	39
フルーツゼリー	102
牛乳	138
合計	767

＜おやつ＞

食事の名前	カロリー
バナナ	129
スナックパン	358
合計	487

＜夕食＞

食事の名前	カロリー
ご飯	267
にうめん	349
とりすき焼き	339
煮豚	186
おからのいり煮	300
合計	1441

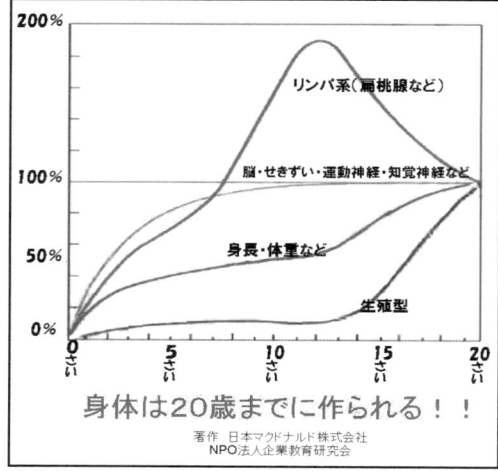

リンパ系(扁桃腺など)
脳・せきずい・運動神経・知覚神経など
身長・体重など
生殖型

身体は20歳までに作られる！！

著作 日本マクドナルド株式会社
NPO法人企業教育研究会

スキャモンの発達曲線

授業にかかわって…

今回の授業は大変有意義な時間でした。

授業で強く感じたのは、体力（①持久力、②筋力、③柔軟性）の低下の問題です。対策として個人の体力差に応じた適切な運動プログラムを導入することが必要で、自分の体にあわせた運動といった考え方を学習する必要があるでしょう。

生活改善に必要不可欠な家庭の理解と協力

運動、休養、栄養のバランスが健康的な生活には大切ですが、生活習慣の改善には家庭の協力が不可欠です。今回の授業のように家族の授業参観は非常に有効な手段であると思います。家庭の役割を明確にする事も大切で、食生活についてみれば、朝食・夕食・間食は家庭に責任があり、役割と責任を保護者に理解してもらう事も大切です。

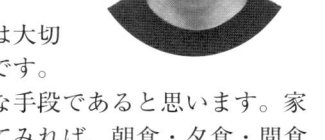

運動と食事の面で教育効果を期待するのであれば、家庭の協力が必要なので、保護者の理解と協力を得るために、家族参加型の授業の実施は今後も機会があれば取り組んでみたい分野であると考えています。

健康運動指導士　　越智　利国

児童の感想

- 自分に必要なカロリーや、自分が使っているカロリーが分かってよかった。
- カロリーのとりすぎもとらなさすぎも両方よくないことがわかったので、両方に注意して食事をしていきたい。給食はバランスよく作られているので、なるべく残さないようにしようと思った。
- 20歳で身体が完成すると習ったので、今からダイエットなどをせず、骨などを強くするために運動をしたいと思った。
- 今日の学習を通して自分から運動、食事などを意識的に行えるきっかけになってよかった。
- 自分はカロリーをもっととったほうがいいということが分かって、今回の授業はとてもためになった。
- これからはカロリーのことも考えながら食事をしていきたいと思った。これからは好き嫌いせず、運動もしていきたいと思った。

私たちの食べ物は大丈夫？
～衛生管理と食の安全～

授業データ

学年：小学校4年～中学校3年
授業時間：4時間
教科・領域：総合・健康

実践校・学年：
京都府宇治市立平盛小学校
4年

授業のねらい

- 衛生管理に興味を持ち、気をつけるべきことを理解することができる。
- 企業や学校給食で、衛生管理において気をつけていることがわかる。
- 学習したことをもとに、衛生管理に気をつけて調理実習を行い、その重要性を理解することができる。

授業者からのメッセージ

授業を終えての感想 日頃、私達教師は、学年で、学校全体で取り組む授業もあるけれど、たった一人で授業づくりと格闘している。学外の方々と連携することは、自分の授業づくりを新しい観点から見直す格好の場となる。それは、専門的な知識を持つ方の協力を得ることで、授業というものを全く違った観点で、つくっていくことができるからだ。今回も、食育のウェブコンテンツ、手洗いチェッカーなどを活用し、新しい授業をつくることができた。この二つを使用した授業は、今後の衛生管理の授業では、欠かせないものになるのではないだろうか。

児童の変化 今回の授業で、一番大切なことは、子どもたちが「衛生管理の大切さを理解する」だけでなく、いかに「衛生管理を実践、行動していくことができるか」ということだったと思う。授業では、子どもたちは実に楽しそうに、手洗いや服装に気をつけながら、調理を楽しむことができた。また、それだけでなく、その後の生活でも、給食前には、手洗い場に列をなし、丁寧に手洗いを続けていた。その姿が、授業の成功を物語っている。

京都府
宇治市立平盛小学校
糸井 登

今後この授業を実施する教員へのメッセージ 授業を参観された方のなかに、「手洗いチェッカーだけやれば、いいんじゃないの」とおっしゃる方がおられたが、私は、この授業では、子どもたちが楽しく学び、自ら衛生管理の大切さに気づくように授業を構成したつもりである。「手洗いチェッカー」をだけやれば、手洗いの不十分さを確認することはできるが、一番大切な子どもたちの実践化につなげていくには不十分だと考えている。是非、食育のウェブコンテンツも取り入れつつ、楽しい授業の流れを大切にしていただければと思う。また、企業と連携した授業では、教師は実に多くのことを学ぶことができる。面倒がらず、怖がらず、是非、はじめの一歩を多くの教師が踏み出してくれることを望んでいる。

私たちの食べ物は大丈夫？

指導計画

時間	学習活動	支援の手立て
1時間目	**衛生管理って何だろう？** ① 食育サイトのアニメを視聴し、どうしてみんなお腹が痛くなったのかを話し合い、食べ物を食べたり、作ったりするときに気をつけなければならないことを考える。 ② 食育サイトのゲームを使って、衛生管理の大事なポイントを整理していく。	👆「私たちの食べ物は大丈夫？」のアニメで授業のねらいを捉えさせる。 👆ゲーム「クックの調理場衛生チェック」に挑戦させ、どこが悪いのかを言葉で表現させる。8つのポイントをカードにしておき、黒板に貼りながら確認し、「衛生管理」という言葉をおさえる。 👆ワークシートにまとめさせる。
	③ 休憩中に、児童の手に手洗いチェッカー用液を塗り、手洗いをさせておく。	👆2時間目の手洗いチェッカー用の準備をしておく。
2時間目	**企業の衛生管理を知ろう！** ④ 日本マクドナルドで品質管理の仕事をしている草野さんから、企業で大切にしている食品衛生について学ぶ。 ⑤ 企業の衛生管理の具体例をクイズ形式で学び、ビデオで確認する。	👆マクドナルド店舗での3つの衛生管理のポイントを確認する。 👆ワークシートにまとめさせる。 👆マクドナルド店舗での衛生管理の様子をビデオで見せる。
	給食室の衛生管理を知ろう！ ⑥ 栄養教諭の児玉先生から、学校給食で気をつけている衛生管理について学ぶ。 ⑦ 手洗いチェッカーで、手洗いが十分できたかどうか確認後、学んだことを生かして再度手洗いに挑戦する。	👆給食室の水質検査の機器の写真・調理員の手洗いのビデオを準備しておく。 👆手洗いチェッカーで全員の手洗い状況をチェックする。
3・4時間目	**衛生管理に気をつけてホットドッグを作ろう！** ⑧ 前時の学習を振り返り、調理する場合の衛生上で大切なことを確認する。 ⑨ 班ごとに衛生管理に気をつけ、ホットドッグ作りに取り組む。 ⑩ できあがったホットドッグを見せながら、気をつけたことを班ごとに発表し、ゲストからコメントをいただく。 ⑪ マクドナルドオペレーションコンサルタントの杉山さんのハンバーガー調理実演を、衛生管理へのコメント付で見せていただく。	👆調理の手順は、事前に説明し、家庭科室に集まるよう指示しておく。 👆調理の様子を草野さん・杉山さん・児玉先生が見てくださることを伝える。 👆各班のホットドッグをデジタルカメラで撮影し、プロジェクターを使用し、紹介する。

授業の実際

T:教師(授業者)　C:子ども

学習活動	支援・留意点
1時間目 **5分　衛生管理って何だろう？** ▶コンテンツの中のアニメ「私たちの食べ物は大丈夫？」をプロジェクターで見せ、今日の授業のねらいを説明する。 T:パーティーに行ったみんながお腹が痛くなったんだから何か原因があったんだろうね。今日は食べ物を作ったり、食べたりするときに気をつけなければいけないことを勉強します。 **20分　どこがおかしい？** ▶クックがサンドイッチをみんなに出すまでに何があったのか、ゲーム「クックの調理場衛生チェック」で不衛生な点をチェックしていく。代表でやった児童が０点。なんとなくはわかっている部分もあったが、タイミングがつかめない。リセットし、教師が全員のストップの声でチェックポイントをクリックしていく。 C:手が汚れている！／台所が散らかっている！／包丁とまな板が汚れている！／トマトが落ちたのに拾って入れた… ▶４回目で８つ全部チェックでき、満点をとることができた。 T:食べ物を作ったり、食べたりするときに、今のゲームに出てきたこの８つのことを大事にすることを『衛生管理』と言います。 **衛生管理の８つのポイント** ●手洗い（作る前）　●手はきちんとふく　●調理場はきれいに　●調理器具はきれいに　●食材の適切な保管　●食材は清潔に　●手洗い（必要なとき）　●大声で話さない **20分　衛生管理のポイントを確認しよう！** ▶衛生管理の８つのポイントを書いたカードを黒板に貼りながら、確認していく。子どもたちにはワークシートにまとめさせる。 ▶２時間目に予定している手洗いの学習に備えて手洗いチェッカー用液を「最新の石鹸」と紹介し、児童の手に塗ったあと、手を洗わせる。	■パソコン ■プロジェクター （以下webを視聴する時には準備） ■８つのポイントを書いたカード ■ワークシート ■手洗いチェッカー用液

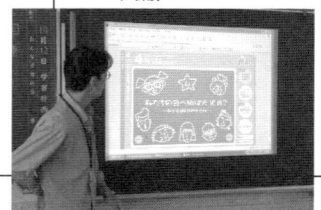

私たちの食べ物は大丈夫？

学習活動	支援・留意点

2時間目

20分 企業の衛生管理を知ろう！

▶ マクドナルドで衛生管理を担当している草野さんを紹介し、マクドナルドの店舗で気をつけている衛生管理のポイントをお話いただく。

マクドナルドの店舗で気をつけていること

細菌を ← 1. 持ち込まない。
2. 増やさない。
3. 殺菌する。

▶ 企業では衛生面の細かいところにも配慮していることを気づかせるため、クイズ形式で考えさせる。

T：さて、マクドナルドでは細菌を持ち込まないためにこれ（ローラー）を使っているんだけど何に使っているか、班で話し合ってみましょう。

■ごみとりローラー

C：服や手袋にゴミとかついてるからとる。／服や手についてるほこりをとる。／服とかについてるごみをとる。／細菌がいっぱいいるようなところで使う。

草野さん：正解はみんなが言ってたように、洋服についたほこりとか髪の毛をとるために、お店で働く前に使います。

T：実際に使っているところをビデオに撮ってありますので見てみましょう。

■ビデオ

▶ 店舗でローラーを使っているビデオを見て、確認する。

T：（爪ブラシを見せて）これは手洗いのあるところには必ずおいてあるんだって。何に使うんだと思う？

C：指の垢などを洗う。／手の細かいところをごしごし洗う、指の先とか。／爪を洗う。／指と指の間を洗う。／爪の間を洗う。／腕の汚れを落とす。

草野さん：正解はあります。みんなおしいんだけど、5班が正解です。爪の間を洗うためにこのブラシはあります。爪の間はなかなかきれいにならないからこのようにして汚れを落とします。手をこするのは赤ぎれになってしまうので爪の部分だけを洗うようになっています。

学習活動	支援・留意点
T：マクドナルドの店舗で、手を洗っているところもビデオを撮ってきてもらったので、真似しながら見てみよう。 **マクドナルド店舗の手洗い手順** 1. ハンドソープを適量とる 2. 手のひらと手のひらをこすり合わせる 3. 手の甲をもう片方の手のひらでこする 4. 指を組んで両手の指の間をこすります 5. 両指を曲げ指の背と手のひらをこすり合わせる 6. 親指をもう片方の手で包んでこすります 7. 爪先の汚れを落とすようにもう片方の手の平をこする（必要な場合は爪ブラシを使う） 8. 手首や手のひら、手の甲だけでなく肘まで丁寧に洗う 9. 流水でよく流す 10. 水気をふき取る	⑤両指をまげ指の背と手のひらをこする ■ビデオ
T：すごい、複雑だったけどわかった？ C：難しい！ 草野さん：手洗いは家でもやっているけど、マクドナルドでもとても大切なことです。みんなビデオと一緒にやっていて難しいって言っていたけど、あそこまで丁寧に洗わないと、きちんときれいにはなりません。マクドナルドの店員は1日に10回も20回も手を洗います。	
15分　給食室の衛生管理を知ろう！	
▶続いて栄養教諭の児玉先生がエプロンに三角巾姿で登場し、給食室での格好との違いを探す。 C：マスクしている！／エプロンの色が違う！／長靴はいている！／帽子かぶっている！ ▶児玉先生は、服装の違いから、給食室での衛生管理について説明をする。 児玉先生：今は自分はちょっと汚れたら嫌だから色のついたエプロンをしています。調理師さんはほこりや汚れがわかりやすいように白にしています。それから実はみんな給食室には入ったことがないはずです。それはどうしてでしょう？ C：細菌が入るから。 C：そうですね。細菌とかが入ってしまうかもしれないからです。それから水の検査もしています。（検査機器の写真を見せる。）野菜を洗うときも2回洗ってまた2回洗うということをしています。 C：4回ってこと？	

学習活動	支援・留意点

児玉先生：2回洗って、水槽を変えてまた2回洗うということです。

C：えーそんなにやってるの？

児玉先生：アニメでまな板が汚かったけど、給食室では使う器具の全てに消毒液をふって、細菌を持ち込まないということをしています。それから給食を作る時間も考えています。早すぎても遅すぎてもだめです。お肉や牛乳は冷蔵庫に入れるんだけど、きちんと温度を測っています。温かったら食中毒になっちゃうかもしれないからね。野菜は全てゆでています。きゅうりやトマトもゆでているって知ってた？

C：知らない！

▶ 最後に、児玉先生は給食室で手を洗う場面を以下のように伝えた。

> ①調理をはじめるとき
> ②調理が変わるとき
> ③お肉や魚をさわったとき
> ④くだものやデザートを配膳するとき
> ⑤できあがった給食を配膳するとき
> ⑥よごれたものをさわったとき
> ⑦きれいなものをさわるとき
> ⑧トイレにいったとき

■ビデオ

児玉先生：それからトイレに行く時は白い服も全て脱いでから行きます。では今度は給食室での手の洗い方もビデオを撮ってきたので見てください。

10分　日頃の手洗いをチェックしよう！

▶ 手を2分間洗っているビデオを見せたあと、手洗いチェッカーについて種明かしをする。

T：ちゃんと洗えていないとこの箱（ブラックライトのついた箱）に入れたら青く光ります。

▶ スタッフが箱を持って全員が自分の手をチェックすると、予想外に汚い手にショックを受ける。

C：うわっ！

C：わー汚い！

T：今、いっぱい光ってたでしょ？毎日給食の前に手洗いしているけど、実は…。今から給食だからもう1回きちんと手洗いして、これ、手洗い場の前で持っておいてもらうからチェックしてみよう。

▶ 児童は10分ほどかかってきれいになるまで洗った。手の洗い方を教えてもらって手洗いが楽しくなったようで、洗った手を見せ合っている。

■手洗いチェッカー

学習活動	支援・留意点

3・4時間目　衛生管理に気をつけてホットドッグを作ろう！

▶ 衛生管理の8つのポイントを確認後、ホットドックの作り方の説明をする。そして調理実習開始。約束してマスクを持ってきた班もある。

T：始める前にやることがあるよね？
C：手を洗う！！／タイムはからなあかん。／20秒や。

▶ 子どもたちはきちんと時間を計ってしっかり手を洗う。調理実習中はキャベツの千切りに悪戦苦闘しながら調理器具をきれいにしたり、必要に応じて手を洗ったりということを心がけていた。調理実習終了後、班で気をつけたところを発表し、衛生面から児玉先生と草野さんからコメントをいただいた。

▶ 最後にオペレーションコンサルタントの杉山さんから、どのように衛生管理に気を使っているか、実際に照り焼きバーガー作りを見せてもらいながら説明をきいた。

杉山さん：私たちもすごく衛生管理には気をつけているんですけども、昨日勉強した内容がきっちりやられていたのですごいなと思いました。私たちもしっかりやらないと負けてしまうなと感じました。これからおうちでもしっかりやってくれたらいいなと思います。

授業にかかわって…

「食育」のなかで取り扱う、題材としての「衛生管理」は、子どもたちにとって生活の中での意識をして取り組む経験が少なく、現実に目にしたり体験したりすることができないため、内容的に難しい部分が多いように思われる。とても難しい題材を、今回ゲームを使うことにより、子どもたち一人ひとりが楽しく授業に参加し、自然に衛生管理に関心をもち、衛生管理の大切さを考える機会になったと思う。（目からウロコでした）

また、手洗いの大切さを理解させる手だてとしての、手洗いチェッカーの使用は、体験を通しての活動となり、一生懸命手を洗う児童の変化に驚かされた。

ただ、今回の授業の流れのなかで説明が多かったり、言葉のわかりにくさについては改善の必要性を感じている。また、画像を静かに見て考えるという場面があってもよかったのではないかとも考えている。

ホットドッグ作りの目的を「衛生的な食材の取り扱い」とし、調理技術をあまり必要としないものと考えたが、キャベツの千切りは4年生としては難しかったが、休みの日に家族とホットドッグ作りをした児童もあり、生きた教材となった。

今回の「衛生管理」の指導内容を、給食の準備などで継続的に実践する意欲につなげられればと考えている。

京都府宇治市立平盛小学校　栄養教諭　　児玉　直子

■■■ 私たちの食べ物は大丈夫？

　学校給食と企業さらに家庭での衛生管理は、基本的なことは同じはずなのに、伝え方で差があるように思わせないことが重要だと感じた。例えば手洗い。すべての衛生管理の基本だが、洗浄時間や器具に重点をおきすぎず「きちんと手を洗う」という真の目的を理解させることが重要だと思う。今回は授業を聴くだけではなく実際に手を洗ってみる、しかも洗い具合まで目で見ることができたことは、驚きとともに子どもたちの意識にスムーズに入っていけたのではないかと感じた。そして何より子どもたちとふれ合うことで、企業の責任として子どもたちに伝えるべきことと、子どもたちが知りたがっていることを直に感じられたことは大きな収穫だった。
　　　　日本マクドナルド株式会社　コンプライアンス本部 品質管理統括部　　　草野　篤

　「マクドナルド店舗運営の理想は地域に根ざした活動を行うことです。」
　多くの店長が何度も繰り返した言葉だが現実には難しい。いつも来店してくれている子どもたちに喜んでもらいたい。何か役に立ちたい。今回の食育授業の話を頂いたとき、自分たちが普段扱っている"食"について興味を持ってもらうことで役に立つのならば、積極的に協力しようと思った。
　実際、授業に参加させて頂き、子どもたちの"食"や"マクドナルド"への関心の高さに驚かされ、真剣に見たり聞いたりする姿に感銘を受けた。
　食育の授業が続くのであれば、これからも協力していきたい。なぜなら、このような活動が"理想とする地域に根ざした活動"だと思うから。
　　　　日本マクドナルド株式会社　オペレーションコンサルタント　　　杉山　直人

児童の感想

- さいしょは、ぜんぜん何をするのか分からへんかったけど、勉強をしてからいろいろなことがわかった。ちゃんと手を洗わないと、いろいろなところにばいきんがつくんだ。もっと、きれいに手を洗ってばいきんがはいらないようにしなきゃ！衛生管理をちゃんと頭に入れて、これからも料理の手伝いをする時や、よごれた時や、ごはんを食べる時や、外から帰ってきた時は、わすれずにちゃんと洗わなあかんわー。衛生管理の勉強ができてとってもよかった。

- ぼくは8つのうちの1つだけをホットドッグ作りでとくに注意しました。それは、「大声で話さない」です。でも、あるていどは声を出していました。ぼくは、衛生管理を知らなかったので、これからは、しっかりします。それから、4時間目にやってくれたマクドナルドの人がちゃんと衛生管理をしていたので、それを見習って、しっかり実行していきます。

みんなで食べるとおいしいね！
～正しい食生活～

授業データ

学年：小学校5年～中学3年
授業時間：2時間＋給食の時間
教科・領域：総合・健康

実践校・学年：
愛知県大口町立大口北部中学校
1年

授業のねらい

- 地域の人を給食に招待する計画作りを通して、単に招待のためのスキルや技術ではなく、「招待される喜びを感じてもらうことが、招待する側の喜びとなる」という感謝の心と奉仕の心のサイクルに気づくことができる。
- 地域の人と「食」について話題をかわし、「生きた食育」を体験することができる。

授業者からのメッセージ

　「みんなで食べるとおいしいね！」の授業をするにあたり、本校で3年目を迎えた健康教育研究の取り組みと関連させたいと思い、その中心的なキーワード「コミュニケーション」に視点を当てた。私は、養護教諭として、コーディネータとしてのスタンスで取り組んだ。一番苦労したのは、本校独自の健康教育研究のなかで進めてきた「授業」へのこだわりとこの授業の方向性のすりあわせで、このことを通してたくさんのことを学ぶことができた。

　準備を進めるにあたって1年生の職員だけでなく、学校全体の協力が得られた。また、「大口町子どもの健康に関する連絡会」「健康おおぐち21」の方々からも多くの協力が得られ、行政や地域の協力を得ることは、とても意義あるものだと感じた。

愛知県
大口町立大口北部中学校
養護教諭　桑原 朱美

　この授業は、3クラス同時に行ったが、どのクラスにおいても「やればできる」という「成功体験」や「達成感」を得たり、自分の食におけるコミュニケーションについて考えを新たにしたりした生徒がみられた。その後の生徒の変化を見ると、食のあり方に気をつけようという心構えをもって給食時間を過ごす生徒もいれば、相変わらずといった生徒もいる。「食」という問題だけでは解決しない問題もある。が、地域の方に「中学生の実態」を知っていただいたことも大きな成果で、参加された方々の生の反応やその後の感謝の手紙などは、生徒の心に心地よく届いたようだ。

　今後、このテーマで授業をされる場合、児童生徒の何を育てたいのか？そのためにこれまで取り組んできたことのどこにリンクさせるのかを明確にされるとよいと思う。また、ゲストティーチャーとは、できるだけ対面して打ち合わせをすることを勧める。この授業にかかわることができ、感謝している。

みんなで食べるとおいしいね！

指導計画

時間	学習活動	支援の手立て
1時間目	**楽しく食べるということについて考えよう！** ① コンテンツのアニメを視聴し、楽しく食べることについて、話し合う。 ② 大口町保健センターの関谷所長からのビデオで、給食への招待を依頼される。 ③ 人を招待する際に、気をつけることを考える。 ④ 実際に一般家庭での客をもてなしているビデオを視聴し、気がついたことを話し合い、もてなすことのイメージを深める。	👉 「みんなで食べるとおいしいね！」のアニメで授業のねらいを捉えさせる。 👉 生徒が責任を持って招待客をもてなすために、地域の責任ある立場の方からの正式な依頼として伝える。 👉 ある大学生が先輩を実家の食事に招待した場面のビデオを準備し、もてなす側のさまざまな工夫や気遣いを参考にさせる。
2時間目	**給食に招待する企画書を作ろう！** ⑤ 「もてなし」を仕事にしているプロの人たちのビデオを視聴し、そのもてなし方について気づいたことを発表する。 ⑥ 喜んでいただくためにどのようにもてなせばよいかを班ごとに考え企画書にまとめる。 ⑦ 各班で考えた企画を発表し、交流する。 ⑧ 明日の招待にむけて、一人ひとりが人をもてなす気持ちをもつことができるよう学習を振り返る。	👉 マクドナルド店舗での工夫を取材したビデオで、プロのもてなしの視点を学ばせ、今回の招待の参考にさせる。 👉 各班の計画について肯定的に取り上げることで意欲を高める。

給食	● 参加者に12時15分に会議室に来ていただき、教師が概要を説明する。 ● 組番号と班番号が書かれた名札に、参加者の氏名を書いていただく。 ● 12時35分のチャイムで、移動していただき、給食の準備の様子を見ていただく。 ● 生徒は、準備ができたら、参加者の名札を確認して席へ案内し、食事を始める。 ● 食べ終わったら、食器の片づけ後全員が席に戻ったら、招待客から感想やアドバイスをいただく。

授業の実際

T：教師（授業者）　C：子ども

学習活動	支援・留意点

1時間目

5分　楽しく食べるということについて考えよう！

▶ コンテンツのアニメ「みんなで食べるとおいしいね！」を視聴。生徒は興味津々ながら明るい表情で見ていた。

T：みんなで食べるとおいしいと思う人？
C：分け合えるから。／おしゃべりできるから。／嫌いなものを食べてもらえるから。

▶ 本日の授業は、『楽しく食べるということについて考える』ということについて勉強することを伝える。

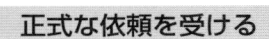

■パソコン
■プロジェクター
■スクリーン

10分　正式な依頼を受ける

T：さて、みんなへのメッセージビデオがあります。
▶ 大口町保健センターの関屋所長さんからの正式な依頼ビデオを見る。

ビデオ映像

　大口北部中学校のみなさん。こんにちは。大口町保健センター所長の関谷です。今日はみなさんにお願いがあります。「健康おおぐち21」の住民メンバーの人を給食に招待して、一緒に給食を食べてもらえませんか。この方たちは、食にとっても関心の高い人で、学校の給食についても大変関心が高い人です。
　招待してほしい日は、12月2日です。

大口町 保健センター所長
関谷さん

C：えー？明日？
C：先生早く言ってやー。
C：急に言われても困るよ。
T：明日招待してくださいという急なことなので、どんな風に招待したらよいのか、これからみんなで考えてください。はじめに、一人ひとりが給食に招待する時に気をつけることや、こうした方がいいと思うことを思いつくだけ書いてみましょう。

▶ 生徒たちは「明日」という急な設定に、大変驚き、「難しい」という声をあげながらも、配布された短冊仕様の用紙に思いつくことを書いていく。

- ●席を立たない
- ●ふざけない
- ●残ったおかずで争わない
- ●人の話を聞く

■短冊仕様の用紙
（一人4枚配付）

学習活動	支援・留意点

15分　人を招待する時に気をつけることを考えよう！

T：それでは、各自考えたものを、班で集めて、どんな意見があるのかを共有してください。そして、班で3つ、ポイントをまとめてください。

▶ KJ法で、似た意見はまとめていくように指示し、班ごとに、各自書いたものを紹介し合いながら、似た意見の紙を重ねていく。

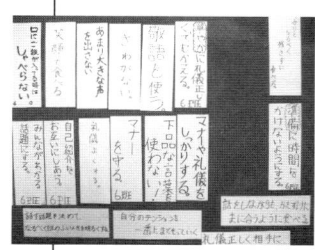

T：では見ていきます。みんなすごい！（拍手）こんなにいろいろな意見が出るとは思っていませんでした。貼ってもらったものを、似たものでまとめて、3つに分けていきましょう。

①マナーや礼儀について
●礼儀正しく出迎える　●敬語を使う　●行儀をよくする　●大きな声を出さない　●きたない言葉は使わない　●口に物が入っているときは話さない　●席を立たない　●相手の話をしっかり聞く

②会話について
●自己紹介をする　●みんながわかるような話題にする　●相手が知りたそうな話をする　●大口北部中について説明する　●会話がとぎれないようにする　●テンションを上げる

③その他
●残さず食べる　●準備に時間をかけすぎない　●話しながらも時間内に食べ終わる

20分　おもてなしの様子を見てみよう！

■ビデオ

T：では、さらに具体的に考えられるように、実際にもてなしているビデオを場面の映像を見てみましょう。それぞれの表情に気をつけて見てください。

ビデオ映像

一般家庭の場合
（ある大学生が、先輩を実家に招いたときの様子）
●訪問時の挨拶（「いらっしゃい。」「おじゃまします。」）
●地元の食材や昔ながらの手料理が用意されている食卓を囲み、「いただきます」と食べ始める
●料理についての会話がはずみ、笑顔が絶えず、和やかで楽しそうな雰囲気

▶ ビデオを見たあと、初対面でもてなす場合のお互いのきちんとしたマナーの大切さや料理についての会話などが場を和やかにすることなど、お互いがコミュニケーションをとろうとする気持ちが大切であることに気づかせる。

学習活動	支援・留意点

2時間目

15分 　　　　　企業のおもてなしについて知ろう！

T：では、明日の招待に向けて企画書を書く前に、もう1つ参考にしてもらいたいビデオがありますので、見てみましょう。

▶企業で人を楽しませるためにしている工夫していることを、マクドナルドの店舗でインタビューしたビデオを視聴。企画書作りの参考にさせる。

■ビデオ

> **ビデオ映像**
>
> **マクドナルドの店舗の工夫**
> ①**衛生面**
> 　手洗いをしっかりする。専用のローラーで服のほこりをとる。客席やフロアの掃除をこまめに行う。など
> ②**接客面**
> 　正しい言葉を使う。親しみやすい対応をする。温かい商品をできるだけ早く届けられるようにする。待たせる時も、声をかけて見通しをお伝えする。など
> ③**対象に合わせた空間作り**
> 　例えば西新宿店の店舗では、ビジネスマンの利用が多いので、落ちついた雰囲気の空間を作っている―木製の椅子や机、暖炉など―
>
> **メッセージ**
> 　楽しい空間でおいしいものを召し上がり、喜んで帰っていただきたいので、さまざまな工夫をしています。

（画像内テキスト：正しい言葉使いや親しみやすい対応を心がけています）

25分 　　　　　企画書を書こう!!

T：喜んでもらいたいという気持ちは君たちも同じだと思います。そのためにどんなことができるのか、今のビデオも参考にしながら、班ごとに企画書を書いていきましょう。

▶配布したワークシートに添って、準備、食事、後片けのそれぞれの場面で気を付けること、工夫することを班ごとに考えさせる。日本マクドナルドの社員やNPO授業スタッフがアドバイザー（A）として相談にのる。

C：何歳くらいの人？男の人？女の人？
A：どんな人が来るのかはわからないから、誰にでも合うようなそのつもりの企画を立てておくといいよ。
A：給食の準備って、普段どのくらいかかるの？
C：15分くらいかな。明日は10分でがんばる。
A：準備している間、お客さんはどうしているの？ぽつんとしていたら、さみしいよね。
C：今日の給食を説明したりする担当がいるといいね！

■企画書用ワークシート（P.102）

みんなで食べるとおいしいね！

学習活動	支援・留意点

10分 　　　　**自分たちの班の企画のポイントを紹介しよう！**

T：では、班ごとに企画のポイントを発表してください。
C：準備や片付けなどの仕事を分担しました。
C：会話のキャッチボールをする。
C：会食時の食についての話題を考えました。
C：どんな人が来てもだいじょうぶなように、いろいろなパターンを考えました。明るい人だったら、聞き役になって、あまり話さない人なら、話題をふるようにする。
T：明日、いよいよ実践です。楽しい時間を過ごしましょう。

翌日 給食の時間

60分 　　　　**企画書どおりにもてなそう！**

◆**給食準備中**
廊下で待っているお客さん（G）を、なかなか迎えに行けずにいたが、しばらくして、だんだんとさそいに行く生徒が出てきた。緊張の面持ちの生徒が多かった。

◆**給食**
なかなか話しかけられない班、お客さんから話題をふってもらっている班、教室中、緊張の雰囲気のなか、時間の経過とともに、和やかな雰囲気ができ、生徒もお客さんも笑顔が見え始めた。

C：給食で好きだったものは何ですか？
G：あんまり覚えてないんだけど、鯨のから揚げはおいしかった記憶があるの。
C：鯨?!

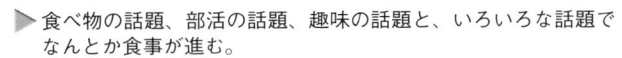

▶食べ物の話題、部活の話題、趣味の話題と、いろいろな話題でなんとか食事が進む。

◆**後片付け**
班で順番を決めて、食器を片付ける。班で食器ごと重ねて片付ける班もある。食器がなくなり、距離が縮まって、より一層和んだ雰囲気になる。

お客さんからの感想

　企画書を見て、こんなに考えてくれたんだなと思って、うれしかったです。13年ぶりに給食を食べました。いろいろ話しかけてもらって、とってもうれしくておいしかったです。ありがとうございました。

▶お客さんの満足した感想に、生徒もうれしそうであった。

ワークシート

1年生 総合的な学習の時間 ワークシート

年　組　名前

★友達が発表してくれたら5時間目の感想や気づきを書きまとめておこう。

★6時間目の授業のめあてを書こう。

今回の招待に関する3条件
①明日の給食に招待する
②場所はこの教室を使う
③相手は、子どもたちの食生活について興味を持っている大人の人である。

★企業のビデオを見て、明日の招待に参考になる点をできるだけたくさん見つけて、書き出しましょう。

★割り当てられた役割で、明日の招待給食のための計画を立てましょう。★

(1) あなたの班の役割は？

(2) 招待給食のために、どんなことができますか？また、それをどのようにやりますか？

班で決まったこと

■今回の授業で感じたことを書きましょう。

102

授業にかかわって…

　今回の授業で、目標としていた「食の場におけるコミュニケーションの意味を理解する」ことと「普段の生活のさまざまな場面でよりよい人間関係を構築していこうとする気持ちを持たせる」ことについては達成できたと思う。2時間連続の授業だったが、やるべきことや考えるべきことがはっきりしていたことや、「招待」が明日である、ということで、集中を切らすことなく進めていくことができた。

　外食企業が工夫している点についてのビデオは、生徒が「招待給食」の企画を考える際に、常に視点を明確にしていてくれた。各班で考えた計画を発表し合うときに、「自分たちの班ならでは」という点にしぼって発表させたため、それぞれの班がポイントを置いた箇所を明確にすることができたと思う。

　実際の「招待給食」では、考えていたことができなかった班もあったが、招待する側もされる側も、お互いに気を遣いながら、少しずつ緊張が解けていく様子が見て取れた。「機会があればまたやりたい」という感想が多かった。

愛知県大口町立大口北部中学校　一年一組担任　　山田　鎌司

児童の感想

- やっぱり、いつもより楽しく食べられて、食欲も増えた。1人増えただけで、あんなに楽しく食べられてよかった。
- 今日の「招待給食」で、実際にお客さんを呼んで一緒に給食を食べて、最初は全然話題とか話したりすることはできなかったけど、話しているうちにだんだん楽しくなって、時間なんか気にしなかった。こんなに楽しく食べられるとは思ってもみなかった。また招待給食ができたらやってみたいと思った。
- やっぱり、食べるってことは、楽しいっていうことがイチバンなんだなと思うことができた。みんなでワイワイおしゃべりしたりして食べると、給食もなんだかいつもよりオイシイ気がした。だから、これからも楽しいなって思いながら食べられるとイイなって思いました。気づいたことは、食べてる人もどの人も、お客さんも笑っていた。ニコニコ笑顔だった。やっぱり楽しいのがイチバン！
- 給食は会話がはずまないとつまらない。見ず知らずの人には失礼のないようにしないといけないと改めて思いました。食事の時はマナーが必要。知らない人には良い印象を持ってもらいたいと思いました。
- 昔の給食は米が出なかったことが分かった。昔に比べて今は豊かだなと思った。
- ご飯はみんなで食べた方が楽しいし、おもしろかった。今は昔よりもご飯がぜいたくだと思いました。米が出ないなんて考えられません。

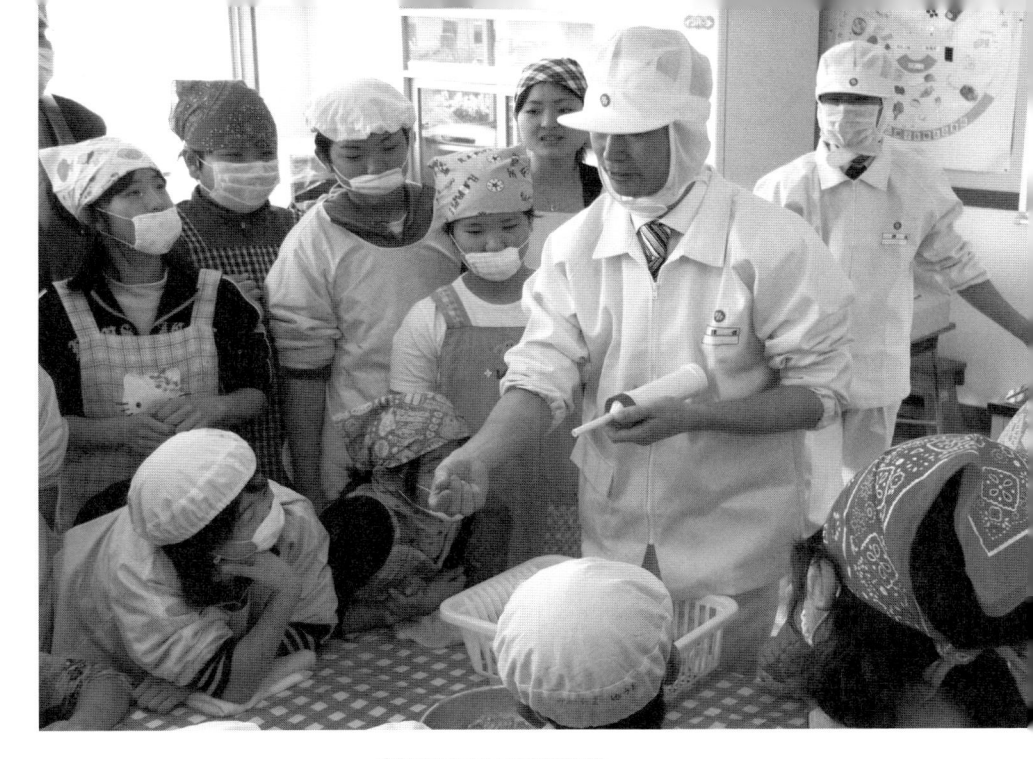

授業データ

執筆　川崎　雅子

学　　年：小学校5年～中学校3年
教科・領域：総合的な学習の時間・健康
授業時間：4時間

実　践　校：千葉県旭市立富浦小学校　5年

加工食品との付き合い方を考えよう！

協力企業名：日本ハム株式会社

授業概要

　この授業は、朝食の必要性を学び、積極的に朝食をとる習慣を身につけさせるために、日本ハム株式会社の協力を得て行った。普段の生活ではなかなかできないウインナー作りを体験することによって、加工食品についての理解を深めることと、大量の肉を触ったり、羊腸に肉を詰めたりすることをとおして、作って食べることの楽しさを感じることができる。

授業のねらい

- 朝食の必要性を学び、積極的に朝食をとることやバランスよく食べることの大切さに気づき、食生活を見直すことができる。
- 朝食として摂食する機会の多い加工食品であるウインナー作りを体験することで、食べ物を作る楽しさを体験し、食材自体の感触を味わうことができる。

指導計画

時間	学習活動	支援の手立て
1時間目	**朝ごはんはどうして食べなければいけないのか考えよう！** ① みんなの朝ごはんの様子を知る。 ② 加工食品と生鮮食品がわかり、食事のなかでのバランスに気づく。 ③ 朝食で活躍する加工食品に気づく。 ④ 日本ハムの松原さんから加工食品として身近なソーセージについて学ぶ。 ※次時の活動内容の確認（調理の身支度）	・事前にした食事調べを用意させる。 ・朝食の必要性を理解させる。 ・事後の体験につながるようにソーセージについての知識を、クイズなどを交えて伝えていただく。
2・3時間目	**ウインナーを作ろう！** ⑤ 日本ハムの大西さんから食品加工の工場の衛生管理を学ぶ。 ⑥ ウインナーを作る。	・全員が体験できるように班の人数は少なめにし、難しい部分もあるので保護者の協力を得て行う。
	●試食をする。（給食時間）	
4時間目	**授業のまとめをしよう！** ⑦ ウインナー作りの感想を伝え合う。 ⑧ 加工食品との付き合い方や偏った食事の弊害などについてまとめる。	・加工食品を上手に使いつつも、そればかりに偏ってしまってはいけない旨を伝える。

■■■ 加工食品との付き合い方を考えよう！

授業の実際

T：教師（授業者）　C：子ども

	学習活動	支援・留意点

1時間目

15分　朝ごはんについて考えよう！

T：これから朝ごはんについて考えてみたいと思います。先程聞いたら、ほとんどの人が朝ごはんを食べていました。なぜ朝ごはんを食べるのでしょうか。

C：おいしいから。／お腹が減ってお昼までもたないから。／朝ごはんを食べないと元気がでないから。

C：朝起きてから頭をちゃんと働かせるため。

T：そうですね。大きな理由として次の３つがあります。
①身体への栄養を補給するため。
②脳の方へも栄養を補給するため。
③規則正しい生活リズムを維持するため。
の３つ。

▶引き続き、パワーポイントで朝食のモデルメニューの画面を提示しながら、主食のごはんやパンの栄養素が炭水化物でエネルギーの源になることや魚の干物やソーセージはたんぱく質や脂質で血や筋肉など、体を作ること、漬物や野菜料理、これはビタミンとかミネラルが多く含まれていて、体の調子を整えることなどの説明。さらに、朝食を抜くとエネルギー不足になってしまうこと、朝ごはんを食べるかどうかがテストの結果にも出るっていうデータ（本書P.23）があること、体と心のつながりで、お腹が減ると、イライラしやすくなったり、太りやすくなったりすることもあることなど具体例を示しながら朝食の大切さを伝える。

■パワーポイント

15分　加工食品と生鮮食品を調べてみよう！

T：みんなに食事調べをする前に、何かに○をつけてきてって言ったよね。

C：加工食品！

T：そうでしたね。加工食品に対して、もう１つ、生鮮食品というものもあります。みんながやってきてくれたものをもう１度見てほしいのですが、生鮮食品と加工食品をチェックしてみましょう。１日分でいいので自分なりに判断してみてね。

▶子どもたちは、任意の一日分の食事調べのメニューを見直し、チェックする。

■各自が記録した朝ごはんと夜ごはんのメニュー

107

学習活動	支援・留意点
T：では、加工食品ってどんなものがありましたか？ C：ハム／ベーコン／ウインナー／あんぱん／チーズ／かにかまぼこ／焼きそば／のり／豆腐／チキンボール／クロワッサン… T：まだまだありそうですが、では、生鮮食品は？ C：ダイコン／ねぎ／レタス… T：そうですね。加工食品と生鮮食品の違いがなんとなくわかりました？加工というのは、人が手を加えているということです。みんなが食べたものの中に加工食品がたくさんありましたね。 実は、今日は、ハムとかソーセージの加工食品を作っている日本ハムの松原さんに来ていただきましたので、いろいろ教えていただきましょう。	

15分　加工食品とソーセージについて勉強しよう！

松原さん：こんにちは。日本ハム株式会社の松原賢周(やすちか)です。今日は加工食品の中でも私たちが得意なハムやソーセージで説明をさせていただきます。食べることを楽しむこと、体験することはとても大切なことですので、あとでみなさんにウインナー作りにも挑戦していただきたいと思っています。 まず、みなさんがどれくらいハムとソーセージについて知っているかクイズをしてみたいと思います。では１問めです。 この二つはどこが違うのでしょうか。 C：見た目！／味！ 松原さん：いろんな味がありますよね。 C：作り方！／形！／食感！ 松原さん：では正解です。肉の塊をそのまま加工したものがハム。肉をひき肉にした状態で腸の中に詰めたものがソーセージ。これがハムとソーセージの違いです。 ▶このあと、ウインナー・フランクフルト・ボロニアの３つのソーセージの素材や名前の由来、日本的食事＋動物性たんぱく質の摂取が日本人の体位の向上に貢献したこと、また、おいしいって感じる要素はどのようなものがあるかなどクイズ形式で学んだ。	■パワーポイント

■■■ 加工食品との付き合い方を考えよう！

2・3時間目	学習活動	支援・留意点

10分　ウインナーを作る前に手洗いをしよう！

T：ではこれからいよいよウインナー作りを始めたいと思います。ここからは、日本ハムの工場でソーセージを作っている大西さんにお願いします。

大西さん：まず、初めに私たちが工場で実施している手洗いを教えます。手をきれいにしてから始めたいと思います。

①腕まくりをしっかりする。　②石鹸をよくつける。
③手のひらを洗う。　　　　　④次に手の甲を洗う。
⑤次は指の間をあけて洗う。
⑥爪の間に菌がいっぱい入っているので爪の間を洗う。
⑦最後に手首を持って回すように洗う。
⑧終わったら、きれいに石鹸を洗い流す。
⑨手を拭く際は普通は紙タオルでふくが今日はタオルで用意してあるきれいなタオルを持ってきているためタオルでふく。

■きれいなタオル

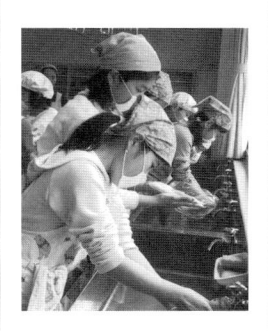

大西さん：きちんと洗えましたか？手を洗ったら何も触らないでね。今みなさんに手を洗ってもらったのは工場でいつもやっている衛生管理の一つです。衛生管理には、菌をつけない、増やさない、殺すという3つの原則があります。みなさんにも今日はこの3つに気をつけて作っていただきます。手洗いは菌をつけないということですので、もし、お肉以外のものを触ったり、床に肉を落としてしまったりした場合も触ってはいけません。次の増やさないは、温度が上がると菌が増えるので、肉の温度が温まりすぎないように手早くやりましょう。殺すというのは、加熱して菌を殺します。

80分　ウインナーを作ろう！

▶ 4人ずつの班に分かれ、依頼しておいた保護者に班に1人ついていただき、あくまでサポートという位置づけでお願いした。作り方は大西さんが工程を区切って、その都度手本を見せながら作業を進めた。

工程1
①たんぱく質を溶け出させ、味をよくし、保存性や粘りを出すために、2日〜4日ほど冷蔵庫で塩漬けにしておいたひき肉をボウルに入れる。
②ひき肉に味をつける。（プレーンとバジル＆レモン）
③ひき肉を手早くこねる。

109

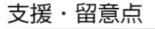

学習活動	支援・留意点
大西さん：冷たいので交代でやってね。温度が上がりすぎてはいけないので、おいしく作りたいって気持ちをこめて手早くこねてください。つばとかはこめないようにね。 C：冷たいー。 **工程2** ④こねたひき肉をソーセージメーカーの筒に入れる。コツは、肉を入れるときに空気を入れないようにすることと満杯に入れないようにする。 **工程3** ⑤塩抜きして洗っておいた羊の腸（ケーシング）をソーセージメーカーのノズルにつける。 **大西さん**：羊の腸は25～35mあるといわれていますが、そのうちウインナー作りに適しているのは真ん中の10～15mと言われています。日本ハムではオーストラリアの羊の腸を使っています。そのままでは菌がたくさんいるから食べられません。 C：気持ち悪い！／変なにおいするー！ **工程4** ⑥腸の一番端をちょっと縛って肉が出ないようにしてから、カチカチと肉を腸に詰めていきます。2人1組で息を合わせてやる。1人がソーセージメーカーを動かしてもう1人が少しずつ腸をひっぱる。 **工程5** ⑦食べやすい大きさにねじってボイルした後、フライパンで炒めて終了。	

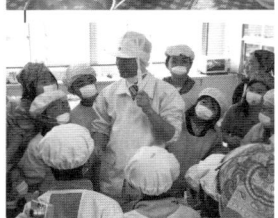

給食の時間
45分　　試食をしよう！

C：おいしー／レモン（味）がおいしい！／レモンのほうが肉の味がする！

加工食品との付き合い方を考えよう！

4時間目	学習活動	支援・留意点
20分	**感想を発表し合おう！**	

▶各自感想を書かせたあと、話し合いをする。
T：何が楽しかった？
C：カチカチー！／こねるの！／全部ー！
C：冷たかったけどねばねばしていて気持ちよかった。
　／腸に肉を詰めるときが楽しかった。

25分　加工食品との付き合い方について考えよう！

T：加工食品のよさは何でしたか？
C：簡単！／はやい！／保存できる！
T：そうですね。みんなの朝食って10分くらいしか時間をかけていなかったね。ちょっと炒めるだけで食べられるのはいいね。賞味期限はあるけど、保存ができるね。加工食品には材料や賞味期限が表示してあるのでしっかり見たほうがいいですね。
C：アレルギーの人は、気をつけたほうがいいよね。
T：それも大事だね。
　さあ、これからみんなは便利な加工食品とどのように付き合っていったらいいと思いますか？
C：生野菜とかも食べて栄養を考える。
T：そうですね。食べるときには生鮮食品を一緒にとって、栄養のバランスに気をつけましょう。みんなが調べた朝食はどうでしたか？栄養のバランスが悪いとどうなるでしょう？
C：病気になる。
T：そういうこともあるね。では最後に松原さんから…

松原さんからのメッセージ

　短時間でおいしい朝食をとるためには、今日学んだように、生鮮食品と加工食品をうまく使ってバランスよく食べてください。病気になりやすいということが出たけれど、栄養素には3大栄養素のたんぱく質、炭水化物、脂質があり、また、補助栄養素としてビタミンやミネラルなどがあります。これらはみなさんが動いたり身体をつくったりするためにどれも欠かせない栄養素です。また、栄養素だけでなく、これからは食べ物に興味をもって、調理や保存などに工夫を凝らしたり、食卓に華やかさや楽しさをそえてみることなども心がけてみてください。

▶このあとウインナー作りを指導していただいた大西さんへウインナー作りの楽しさを聞いたり、工場できれいな形でウインナーを作るのにどんな機械を使っているのかなど教えていただいたりした。

111

Message …授業を終えて…

　今回の授業は、日本ハム株式会社の松原さんとの打ち合わせのなかで「子どもたちの食生活の改善にソーセージ作りに携わる人達の想いを役立てることはできないか」という強い意志のもと完成しました。
　子どもたちは、日頃何気なく食べているソーセージが、どのように作られ、また作っている人達がどのような想いを持っているのかを学ぶことで、加工食品をはじめとした日々なんとなく口に入れてきたものを「食べ物」として考えるきっかけとなったようです。この体験をもとに時間のない朝の栄養源として、日々当たり前のように行っている朝食に対する意識を高めてくれればと思います。

NPO法人企業教育研究会　　野崎　善之

　手作りウインナー教室の講師として参加させてもらいました。ウインナー作りを子どもたちに教えるというのは初めての経験で、真剣に聞いてくれるのだろうか？との不安もありました。ところが授業を始めると、そんな心配は全く必要なく、子どもたちの真剣なまなざし、楽しそうな笑顔を見て、こちらまで熱が入ってきました。とにかく、楽しそうにウインナーを作る子どもたちの様子が印象的でした。「食育」の入り口は楽しむことだと、今回の試みで実感しました。

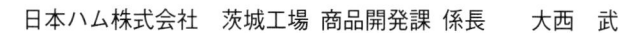

日本ハム株式会社　茨城工場 商品開発課 係長　　大西　武

　子どもたちの「食」への関心がうすれ、食生活にさまざまな問題があると言われています。しかし、それは子どもたちが「食」と直接触れ合う機会がないからであって、決して無関心ではないと今回の小学校での授業において強く感じました。当社では、子どもたちに「食べることを楽しみ」「食べることを好き」になってもらえるよう、五感に響く体験を通して「食」との楽しい出会いを提供します。未来を担う子どもたちの楽しく健やかな暮らしに貢献するためにも積極的に食育活動を推進してまいります。

日本ハム株式会社　加工事業本部 管理統括部 マーケティング室　　長澤　和子

加工食品との付き合い方を考えよう！

児童の感想

- ウインナーは、ほとんど機械で作っていると思っていたから自分たちの手でおいしく、ウインナーが作れたことにびっくりした。初めカチカチして肉を出すのがむずかしかったけど、やっているうちに力の出し方がわかってきて、きれいにできなかった所もあるけどよくできた。ウインナーをねじる作業が少しむずかしくて2つも、やぶれてしまったけどおいしかった。また作りたいです。ありがとうございました。

- 今日初めての「ウインナー」を作って、羊のちょうをさわったことがなく、でも今日、この授業で、羊のちょうをさわれたので、よかったです。きっとこれからは、さわれないと思うので、あの羊のちょうのつるつるさを手にやきつくしました。とても良い体験になりました。自分の作ったウインナーを食べたとき、いつも食べているソーセージよりおいしく感じました。ありがとうございます。

- ソーセージ作りは、かん単だと思ったけどやってみたらむずかしかったです。いつも、ソーセージを作っている人は大変なんだなと思った。まぜる作業は、肉が手に付いて大変だったけど、まぜる時の感しょくがおもしろかったです。

- 朝食は何で食べるのかがわかってよかったです。そして、一番勉強になったのは、加工食品と生鮮食品を一緒に食べるということです。これからもっとバランスを考えた食事をしていきたいと思います。

　子どもたちは、ウインナー作り体験を通して、朝食の大切さや生鮮食品と加工食品のバランス、栄養バランスを考えた食事をすることの大切さなど、食に関してさまざまな角度から学ぶことができた。子どもたちにとって、知的な学習にとどまらず、専門家の方と一緒に体験できたことで、より印象深い学習になっていたと思う。また、現在社会において加工食品はとても身近な物であり、今後の食生活について考えるきっかけになったと思う。

千葉県旭市立富浦小学校　教諭　林　宏

執筆　社澤　一史

授業データ

学　　　年：小学校4年～6年
教　　　科：総合的な学習の時間・健康
授業時間：3時間

実　践　校：千葉県印旛郡本埜村立本埜第二小学校　6年

「安全」な食品を作るための食品会社の努力を学ぼう！

協力企業名：カルビー株式会社

授業概要

　加工食品は、生産者や企業の方の製品に対する徹底した品質管理のもとで消費者に届けられる。授業では、カルビー株式会社の協力を得て、ジャガイモの種類によって食感や味の違いがあることを実験や調理を通してとらえさせる。さらに、子どもたちに身近なポテトチップスを題材に、原料から製品に至るまでの製造過程をたどり、加工食品の品質管理に対する理解を深め、安全・安心な品質管理にかかわる人々の努力や工夫を学ぶ。

授業のねらい

- 実験や調理を通して、ジャガイモの種類によって食感や味に違いがあることに気づき、それはでんぷんの含有量等の違いによるものであることを理解する。
- トレーサビリティの考え方を理解するとともに、安全な食品を消費者に届けるために企業の人たちがさまざまな部門で努力していることを知る。
- 身近な所でも食品に対する安全が考えられていることを知る。

指導計画

時間	学習活動	支援・留意点
1・2時間目	**ジャガイモについて学ぼう！** ① 2種のジャガイモの性質の違いを理解するために、ジャガイモを切って観察したり、調理（茹でる・焼く）して試食したりする。 ② 2種のジャガイモの特徴をまとめ、発表する。 ③ ジャガイモにはでんぷんが含まれていることを知り、2種の性質の違いがでんぷんの含有量の差にあることを理解する。 ④ ジャガイモの種類によって適した調理方法があることを知り、ポテトチップスに適した種類があることを知る。 ⑤ さらに、製品に適した原料を選ぶために、同種のジャガイモの比重の個体差を検査する方法がとられていることを知る。	男爵とメークインの2種のジャガイモを用意する。 カルビー株式会社のジャガイモの研究や検査の一部を取り入れて、理解させる。 包丁や調理器具の取り扱いに注意させる。
3時間目	**ポテトチップスができるまでをたどってみよう！** ⑥ カルビーの麦田さんからジャガイモがポテトチップスができるまでを映像を用いて学ぶ。 ⑦ トレーサビリティの概念を知る。 ⑧ 学校栄養職員から身近な給食にも食品の安全が考えられていることを知る。	■ポテトチップスの袋 ポテトチップスからジャガイモ畑までがさかのぼれるビデオ映像

「安全」な食品を作るための食品会社の努力を学ぼう！

授業の実際

T：教師（授業者）　C：子ども

1・2時間目　ジャガイモについて学ぼう！

学習活動	支援・留意点
30分　ジャガイモの種類による違いを見つけよう！	
T：ここに2つのジャガイモを準備しました。これらは2つとも同じジャガイモでしょうか？	男爵（A）とメークイン（B）の2種を準備し、一個ずつと包丁をトレイにのせたものを各班に準備する。
C：違う。	
T：そう！見ただけでも、2つのジャガイモは違う種類だとわかりますね。では、見た目だけじゃなくてほかに違うところはないか、包丁で切ってみたりして、違いを見つけてください。	
▶包丁の取り扱いに注意させ、各班で話し合わせる。	
C：Aは丸くてゴツゴツしていて、Bは細長くて表面がきれい。	
C：中を触ると、Aの方がざらざらしている。	
C：Bのほうが中が黄色いね。	
T：では、味には違いがあるのでしょうか？この2種類のジャガイモを調理して、他にどんな違いがあるのか実験してみましょう。	
▶家庭科室に移動し、各班に2種類のジャガイモを各2個ずつ配り、次の2通りの方法で調理することを説明し、試食して違いをまとめるよう指示する。	ジャガイモの味を確かめるので味は塩のみで、その量も少なめにする。
①**焼く** 　輪切りにしたジャガイモを、フライパンで、始めは強火、その後中火で焼く。	
②**茹でる** 　ジャガイモを種類ごとに鍋で茹でる。	

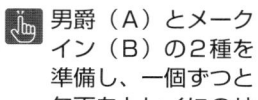

117

学習活動	支援・留意点
15分　班ごとにまとめよう！ ▶調理、試食が終わった班から味や食感などを班ごとに1枚の画用紙にまとめさせる。  	画用紙にAとBの違いを書き、それを使って各班発表。 どちらが正解かこだわりすぎないようにし、それぞれに味や食感の違いがあることに気づけばよしとする。
10分　調べた結果を発表しよう！ T：では、どのような違いがわかったか発表してください。 C：Bの方が（切ったとき）やわらかかった。 C：炒めたらAの方が焦げやすかった。 C：茹でたらAの方がほくほくしていた。 C：Aの方が粉っぽかった。 C：Aの方が甘かった。 T：いろいろな違いを見つけられましたね。 　　この2つのジャガイモは、Aは男爵、Bはメークインと呼ばれているジャガイモです。	
20分　でんぷんの性質を知ろう！ T：なぜ、どちらもジャガイモの仲間なのに食感や味に違いがあるのでしょう？ C：でんぷんが関係しているのかな？ T：男爵とメークインのどちらがでんぷんがあると思うかな？ C：両方ともでんぷんがあると思うよ。 T：では、でんぷんがあるか調べてみましょう。	

「安全」な食品を作るための食品会社の努力を学ぼう！

学習活動	支援・留意点
▶ 2つに切ってあった男爵とメークインにヨウ素液をつけてデンプン反応を確かめる。 C：やっぱりどちらもでんぷんがあるね。 T：実は、男爵とメークインではでんぷんが含まれている量が違うんだよ。どっちが多いと思う？ ▶ 男爵とメークインから取り出したデンプンを透明のビニール袋に入れたものを観察する。 C：男爵の方が多い。 ▶ 次に片栗粉の入ったボウルにぬるま湯を入れ、様子を観察する。 T：ここに「片栗粉」を準備しました。片栗粉は、でんぷんを粉にしたものです。この片栗粉にお湯を入れて素手でかき混ぜます。どんな感触がするか確かめてみましょう。 C：うわー、ぬるぬるする。 C：べたべたしている。 C：糊みたい。 T：実はでんぷんは、水を加えて加熱するとネバネバになって膨らむ性質があります。糊としても使われています。 C：な〜！ぼくの言った通りだろ！ T：だから、でんぷんの多い男爵のほうが、加熱するとメークインよりもホクホクした感じがしたのです。ただ、茹ですぎると崩れてきてしまうよ！このようにジャガイモの種類によって、それぞれ違った特徴があるので、それぞれの特徴を活かした調理方法を知っておくとおいしく食べられるよね。	👆 あらかじめ男爵とメークインのジャガイモからでんぷんを取り出しておく。 👆 ボウル・片栗粉・お湯を用意 👆 でんぷんは水を加えて熱せられるとふくらむ性質があることを理解させる。 👆 男爵とメークインのそれぞれの料理方法を紹介してもよい。

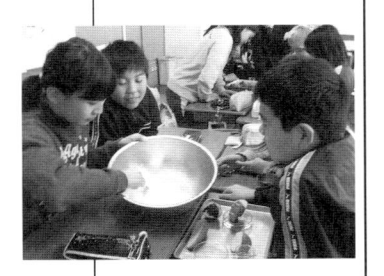

学習活動	支援・留意点
15分　　　ジャガイモの個体差を知ろう！	ほぼ同じ大きさで、比重の違う2つのジャガイモと、カルビー株式会社の選別規定濃度（5％）の塩水を入れた水槽を用意しておく。

T：では、みんなは、ジャガイモを使った食品について知っているものがありますか？

C：肉じゃが！

C：じゃがバター！

T：調理したものではなくて加工食品ではどうですか？みんなが大好きなポテトチップスもジャガイモから作りますが、ポテトチップスに適した種類があるんですよ。
そこで問題です。

クイズ
> ここにポテトチップスを作るのに適した種類で、ほぼ同じ大きさのジャガイモが2つあります。美味しいポテトチップスを作れるのはどちらでしょう？

C：どこか違うのかなぁ。

C：同じだと思うけど…

T：専門家でも見ただけでは判断がつきません。でも、2つの男爵を水槽に入れると違いがわかります。さてどうなるでしょう。

C：少し大きいほうが沈みそうだなー。

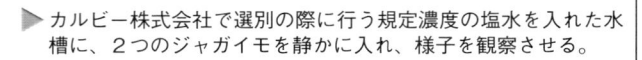

▶カルビー株式会社で選別の際に行う規定濃度の塩水を入れた水槽に、2つのジャガイモを静かに入れ、様子を観察させる。

C：なんで、小さい方が沈むの〜？

T：こちらは、浮いて、こちらは沈んでいますね。大体同じ大きさに見えたジャガイモでしたが、このように水に浮くものと沈むものがあります。中身がぎゅっとつまっていれば沈むのです。

T：さあ、おいしいポテトチップスが作れるのは、どっちだと思いますか？

C：沈んだほう！

学習活動	支援・留意点
T：そのとおりです。沈んだジャガイモのほうがおいしいポテトチップスになります。ポテトチップスを作るときにも、おいしい製品になるように原料や材料を研究し、さまざまな方法で検査しているそうです。	

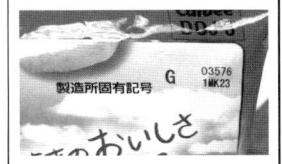

3時間目　ポテトチップスができるまでをたどってみよう！

学習活動	支援・留意点
10分　袋の秘密を探ろう！	
T：食品会社では安心して食べてもらえるようにいろいろな工夫や努力をしています。実は、ポテトチップスの袋からもその工夫がわかるところがあります。どこにあるか見つけてみましょう。	各班にポテトチップスの製品を用意する。 袋のいろいろな部分を注意深く観察させる。
C：「栄養成分表示」とあるから、栄養について教えてくれているんだね。	
C：「製造所固有記号」って何だろう。隣に数字や英語があるよ。	
T：実は、これも安心して食べてもらう工夫なんだよ。	
▶企業が加工食品の安全性を管理するためにトレーサビリティという手法を用い、その手がかりをポテトチップスの袋に記載していることに気づかせる。	
T：ポテトチップスの袋には、製品に何か不都合が発生したときにどのように製品になったか追跡できる情報が記号で載っています。詳しくは麦田さんに教えてもらいましょう。	
麦田さん：そのとおりです。その記号には、ジャガイモからポテトチップスになるまでのさまざまな情報が記録されています。何月何日どこの工場でどんなジャガイモを使って作ったかなどの情報を記号で表示しています。	
T：ポテトチップスはお店に来る前は工場で加工されました。これからその工場の様子を見てみましょう。	

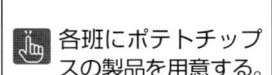

学習活動	支援・留意点

25分 　　　ポテトチップスができる過程を探ろう！

▶製造過程をさかのぼる動画やパワーポイントを使って、クイズを織り交ぜながらどのような品質管理をしているか学ぶ。はじめに、ポテトチップスを人が取り分けている場面を見せる。

T：どうしてこんな作業をしているのでしょう？

C：失敗したポテトチップスを取っている！

麦田さん：これはピッキングという作業です。油で揚げるときに焦げてしまったものや製造過程で変色してしまったものなどを取り除いています。

T：では、工場でポテトチップスにされる前はどこにいたでしょう？

C：畑かな？

T：畑で収穫してそのまま工場に持っていくのかな？収穫する時期は決まっているから1年を通してポテトチップスを作ることができなくなっちゃうよ？

麦田さん：ジャガイモは畑から直接工場に来ません。ジャガイモは畑から運ばれてくる前は貯蔵庫に置いておきます。ここで貯蔵しておくことで1年を通してポテトチップスが作れます。
そのために、貯蔵庫の温度管理に気をつけています。

C：へ〜！確かに、腐ったら困るもんな〜！

麦田さん：貯蔵庫に運ぶ前には、ジャガイモを検品場で検査します。水に浮かせたり切って中身をチェックしたりしています。

C：さっきやった実験をここでするんだ〜！

麦田さん：そして最後が畑です。ジャガイモを育てる農家と話し合って作ってもらっています。例えば、農薬を少なくするようにお願いをして安心して食べられるようにしてもらっています。たくさんのジャガイモを収穫するときの様子を見てください。

☞ 品質を調べる際に、1、2時間目に学習した「切って中身を見たこと」や「塩水に浮かべたこと」と同じようなことを行っていることをとらえさせる。

「安全」な食品を作るための食品会社の努力を学ぼう！

学習活動	支援・留意点
C：(収穫する機械が) すごい大きい！ C：すごい速さでジャガイモを収穫している！！ T：これまで、企業の人が品質を守るためにいろいろなことを工夫していることがわかりましたね。こうやって食品加工会社の人たちは安心・安全な製品を届けられるよう努力をしているんですね。 今日はポテトチップスができるまでを見ました。このように、店で売っている品物を原料までたどることができることを「トレーサビリティ」と言います。 ▶さまざまな食品でトレーサビリティが普及してきている。牛肉の例や他の製品のトレーサビリティの例も紹介する。 C：そうなんだー。いろいろな会社でトレーサビリティをしているんだね。 **10分　まとめ** ▶この地域では、数校単位での給食センター方式をとっており、自校方式の場合より学校栄養職員とのふれあいが少なく、このまとめに際し、子どもたちに身近な給食においても、安全・安心が配慮されていることを伝えるために、学校栄養職員の山下先生を招き、直接伝える形をとった。 T：みんなが毎日食べている学校の給食でも食品の安全は考えられているんですよ。この学校の栄養士の山下先生にどんなことに注意して給食を作っているか聞いてみましょう。 **山下先生**：みなさんが元気に生活できるように、栄養のバランスを考えていますが、安全な食材を使うことにもとても気をつかっています。だから、どこでとれた野菜なのか、どこの国のお肉なのかはきちんと調べて、安心できるものを給食に使っています。 C：給食にも「トレーサビリティ」があるんだなあ。だから安心して給食が食べられるんだね。	その日の給食のメニューに使われている食材の産地やどのような経路で送られてきたのかを紹介してもらうとよい。

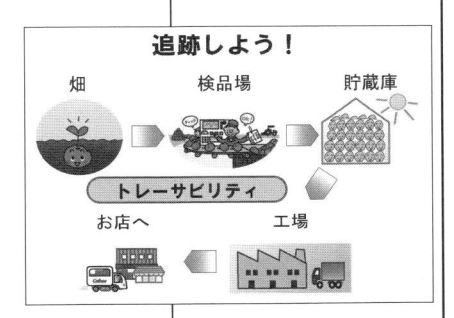

Message …授業を終えて…

　カルビーの方のお話を伺って、普段私たちが安心して食品を口にすることができるのは、食品会社や生産者の方が安全に対する努力や工夫を継続的に行ってきたからだ、といった食品に対する熱意を感じることができた。今回の授業で子どもたちは、実際に食品会社の方に来ていただいたことで、その熱意を肌で感じることができた。
　また、普段見ることができない加工食品の製造過程を知ることで、加工食品を漠然としたイメージではなくより具体的に理解できたのでよかったと思う。

NPO法人企業教育研究会　授業担当　　社澤　一史

　私達企業にとっては、たとえ小学生と言えども立派なお客様です。今回の授業はそんなお客様に、私達の企業姿勢や製品を正しく理解していただく良い機会となりました。現在、食品には医薬品と同等の安全性を求められています。それはスナック菓子にとっても同じ事。おいしくてついつい食べ過ぎてしまうスナック菓子ですが、今回の授業を通じて製造工程や安全性をきちんと理解し、節度を持って食べて頂けるよう導くことができれば幸いです。

カルビー株式会社　広報室　　麦田　裕之

「安全」な食品を作るための食品会社の努力を学ぼう！

児童の感想

- 商品の番号につまっている思いを感じた。商品番号で回収するのをTVとか新聞で見たことがあるから、少し知っていたけれど、時間も企業秘密だけどわかるようになっているということを知らなくて、思わず「へえー。」と言ってしまった。それに場所もわかるなんてすごいと思った。
- いつも〜しながら何気なく食べていたポテトチップスが今日のことで、信用はしているけれどちょっとだけ気をつけた方がよいかなと思い始めた。
- 男爵といういもは家で作っていて知っていたけど、メークインは知らなかった。（家では、北あかねとかわせしろをつくっている。）味も良く味わって食べると全然ちがっていた。いつもはそんなの気にしないのに、注意してみるとちがいがはっきりとわかった。
- ポテトチップスの細かなこだわりまで知ることができてよかった。これからはいろいろな所に気を配って物を選び、人々の苦労を少しでもわかろうとしたいです。ありがとうございました。

「ジャガイモ」という食品をひとくくりにして考えていた子どもたちにとって、「ジャガイモ」にもいろいろな種類があり、食感や味の違いがそれぞれあることがわかった。また、このことは理科で学習したでんぷんに起因していることもわかった。また、子どもたちが大好きなポテトチップスを題材に「トレーサビリティ」を学び、世の中ではいかに食の安全が考えられているか気づくことができた。このことは社会科で食品の輸送とかかわる学習の中で扱えると思われる。

今回の実践のように家庭科に限らずさまざまな教科において食育を意識して実践することにより子どもたちの食への関心や実践力が高まっていくものと考える。

千葉県富里市教育委員会　指導主事　　古谷　成司
（元千葉県印旛郡本埜村立本埜第二小学校教諭）

授業データ

執筆　赤池　香澄

学　　年：小学校5、6年
教　　科：総合的な学習の時間
授業時間：11時間

実 践 校：千葉県印旛郡本埜村立本埜第二小学校　6年
　　　　　千葉県旭市立富浦小学校　5年

大好きな自分たちのまちを元気にする グリーンツーリズムを提案しよう！

協力企業・団体名：徳島県勝浦郡勝浦町産業建設課（元産業振興課）
　　　　　　　　　徳島県勝浦郡勝浦町　ふれあいの里　さかもと
　　　　　　　　　千葉県印旛郡本埜村役場　　千葉県旭市企画課

授業概要

　この授業は、グリーンツーリズムに取り組んでいる徳島県の「ふれあいの里さかもと」を手本に、自分たちの地域でとれる農産物を題材とし、その収穫から食すまでをツアーにして、行政機関に提案することを目的に行った。その過程で、身の周りの自然や産業の特徴を調べることにより、地域のよさに気づかせ、積極的に地域づくりに参加しようとする子どもたちを育てることをめざした。

授業のねらい

- 他の地域の農業を知ることによって自分たちが暮らす地域の産業や文化の特徴を認識し、理解を深める。
- 農産物の収穫までの過程について理解を深め、それが季節と関係していることを知る。
- グリーンツーリズムを提案する学習を通して地域づくりにかかわろうとする態度を育てる。

指導計画

時間	学習活動	支援・留意点
第1・2時	① 役場の方から今の本埜村の状況を聞き、グリーンツーリズムを考えてほしいと依頼される。 ② ふれあいの里さかもとを例にグリーンツーリズムについて理解する ③ 自分たちの地域でグリーンツーリズムに活用できそうな資源を考える。	保護者や地域の方から、グリーンツーリズムに活用できそうな地域資源を聞いてくることを宿題にする。
第3時	④ 聞いてきた地域資源を発表し、どのような体験ができるか考え、各自関心のあるテーマへ分かれる。	資源を米、作物、観光、生き物、自然の遊びと5つに班分けし、好きな班に分かれる。
第4・5時	⑤ 前時に考えた体験について深め、班の中で検討を行う。	企画書は各自作成する。
第6〜10時	⑥ 中間検討会を開き、各班の企画をクラス全体で検討する。 ⑦ 中間検討会で指摘された意見をもとに、企画書を修正する。 ⑧ 発表用の企画書と地図を作成する。 ⑨ 発表の練習をする。	一人ひとりに全員の企画書をコピーして配布する。 互いに評価し合う。 企画書に加えて、村の大きな地図を班に一枚配付し、活動場所等を書きこむ。
第11時	⑩ 役場の方を招いて企画の発表をする。 ⑪ 役場の方から評価をいただく。	体験できる季節ごとに地図を使いながら企画書を発表し、班ごとに評価をいただく。

大好きな自分たちのまちを元気にするグリーンツーリズムを提案しよう！

授業の実際

T：教師（授業者）　C：子ども

学習活動	支援・留意点
1時間目 **30分　グリーンツーリズムについて知ろう！** ▶ グリーンツーリズムとは、都市住民などが「緑豊かな農山漁村において、その自然、文化、人々との交流を楽しむ滞在型の余暇活動」のことであり、農業地域の地域活性化の１つの手法としても用いられている。徳島県勝浦町は、５年前からグリーンツーリズムに取り組んでいる。 T：今日は、グリーンツーリズムについて勉強します。グリーンツーリズムって何だと思う？ C：雑草を抜く会／自然をふやす会／雑草を食べる会… T：じゃあ、ヒント、ツーリズムはツアー。 C：自然を体験する旅行！ T：では、徳島県勝浦町で行われているグリーンツーリズムをみてみましょう。 **ビデオ映像** ナビ：グリーンツーリズムとはなんですか？ 海川さん：町の人が田舎に来て田舎暮らしを楽しんでもらうことです。 ナビ：なぜグリーンツーリズムに取り組もうと思ったのですか？ 海川さん：勝浦町は徳島県みかんの発祥の地ですが、24年前から、みかん作りから離れていって人口が減少していました。地域の活性化につなげるための地域の方との議論の中で、町行政側の勧めもあって、地域と行政が一体となって取り組んだ事業であります。 T：ビデオからグリーンツーリズムのいいところはどんなことだと思いましたか？ C：楽しい！／人口がふえる。／田舎のことを理解してくれる。／のんびりできる。	■ビデオ ● グリーンツーリズムをはじめるきっかけ。 ● 勝浦町がなぜグリーンツーリズムをすすめるか？ ● 具体的な体験の紹介を10個くらいあげる。 （主に勝浦独自の自然や伝統的な行事や暮らしを強調したもの。） ■ワークシート１
15分　村のことを知ろう！ ▶「本埜村農村振興基本計画書」のパンフレットを配る。	

学習活動	支援・留意点
T：実は、みんなの本埜村でも似たような活動が行われています。今日は、本埜村役場の産業課の長濱さん、川村さんにきていただきました。 ▶パンフレットには、「緑農文化が結のこころで未来に光り輝く本埜村　大地のすべてが郷土博物館」という本埜村のスローガンが書かれている。 長濱さん：本埜村のスローガンを実現するためにはどうしたらよいでしょう。本埜村の魅力は里山です。今、本埜村では、里山を守ったり、遊び場にしたりするとよいのではないかと考えています。 そこで本埜第二小学校の6年生のみなさんにお願いがあります。里山の魅力あふれる旅行を本埜村で考えてください！	各市町村の行政機関には、地域の産業活性化を担当する部署があることが多いので、そこと連携するとよい。

2時間目

10分　勝浦町のグリーンツーリズムについてみてみよう！

ビデオ映像

▶勝浦町の農村体験型宿泊施設（ふれあいの里さかもと）で行われているグリーンツーリズムにおける体験プログラムを企画運営している名人の話を流す。

T：どの体験がおもしろそうだった？

C：パンフルート！（雑草で作った笛）／わらぞうり！…

C：こういう体験を本埜村でも考えれば良いんだね。

■ビデオ映像

5分　企画するときに大切なことを知ろう！

▶自然を活かすこと、自分にしかできないこと、本埜村でしかできないことが大切だと確認する。

▶また、グリーンツーリズムに取り組んでくれる人を見つけることも大切であることを確認する。

▶できるだけ滞在して地域のよさを味わってもらえるような企画を考えることを確認する。

▶ビデオの続きで勝浦町のみなさんが成功した原動力、メッセージをきく。

■ビデオ映像

■■■ 大好きな自分たちのまちを元気にするグリーンツーリズムを提案しよう！

学習活動	支援・留意点
30分　本埜村の資源は何か考えよう！ ▶ 調査用紙1に、グリーンツーリズムに活用できそうな資源をできるだけ数多くあげてみる。 **調査項目** ● 他の地域と比べてとくちょうがあるところはどんなところだろう？ 　どんな自然とかかわれる場所があるだろう？ ● 地域で昔から作られている料理や身の回りのものはどんなものがあるだろう？また、その名人は？ ● 地域の自然を使った遊びにはどんなものがあるだろうか？（昔も今も）また、その名人は？ ● 地域の自然とかかわる仕事、農業や漁業はどんなものを作ったり、とったりしているのだろう？ 　また、どのように加工しているのだろう？また、その名人は？ ▶ 家族の人や地域の人に取材して、さらに資源を探してくるように宿題を出す。	■調査用紙1 【みんなの地域の資源をみつけよう！】 ☞ 資源とはどういうものか具体的に例をあげて理解させるようにする。
3時間目 **25分　調べてきた本埜村の資源をあげてみよう！** ▶ 各資源について、内容を確認しながら進めていく。 C：エビガニの塩茹で！ T：なにそれ？ C：ザリガニのことだよ。先生は知らないの？ C：うまいですよ！ T：ザリガニを食べたことある人！ ▶ クラスの半分以上が手をあげる。 C：先生はザリガニを食べたことないの？ T：ないよ！ C：えー！ T：普通は逆だよー！ザリガニを食べたことがあるって言ったら、「えー！」だよ。だからいいんだけどね。本埜の特徴だね。 C：そうか。「えー！」って思えるところを探せばいいんだ！ ▶ 調べてきた資源を「米」「作物」「生き物」「観光」「自然の遊び」の5つに分類する。 白鳥、たけのこ、オニバス、みそ、ブルーベリー、ペリカン、米、竹、太巻き寿司、すいとん、かきもち、赤飯、ばくだん、いりごめ、柿、どじょう、かえる、うめぼし、どじょう、ふな…	☞ 自分たちの地域で当たり前と思うものが都市部の人にとっては珍しいものである場合があることに気づかせ、地域のよさに触れさせるようにする。

学習活動	支援・留意点

20分 　　　資源から企画を考えよう！

▶ 5つのテーマの中で興味別に分かれてグループを組み、個人でどんな体験が考えられるか企画を立ててみる。

- 米 ：米のオーナーになろう／本埜の山菜おこわ作りをしよう／ちらしずしを作ろう／せんべい作り／もち作り／かきもち作り
- 作 物 ：本埜の作物を食べよう／作物を育てよう／本埜の食べ物、お味はいかが？
- 生き物 ：ドジョウをとって食べてみよう／フナの料理／ザリガニをつって食べてみよう／川エビをとって食べてみよう
- 観 光 ：本埜村まるかじりツアー（春・夏・秋・冬）
- 自然の遊び ：楽しいザリガニつり／竹　竹　楽しい竹遊び／ぼくの夏休み／秋の手作りおもちゃ

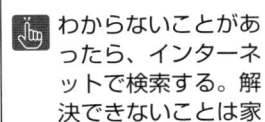

👉 わからないことがあったら、インターネットで検索する。解決できないことは家族の人や先生にきく。

👉 大人（産業課）へ提案する場合には、数字やグラフなど具体的な資料をもとに説明すると説得力があることをとらえさせる。

4時間目 　　　企画を深めていこう！

▶ 班の中で個人が考えた企画を発表し、互いにアドバイスする。それをもとに個人でその企画を深く掘り下げる。

5時間目 　　　班の中で企画を検討しよう！

▶ 中間検討会に向けて、班員それぞれの企画を検討し、不備な点などを指摘し合い、修正する。

👉 一人ひとりの企画力を伸ばすことをねらいにする場合には個人で企画を立てさせればよい。しかし、グループで一つの企画を練るのもよい。

6時間目 　　　クラスで中間検討会をしよう！

▶ 中間検討会の目的を確認しよう。

C：本埜型グリーンツーリズムづくりに向けて、意見を出し合って、よりよいものを役場の方々に提案できるにしよう！

👉 全員が書いた調査用紙2を人数分コピーして配布する。

7時間目 　　　他の班の企画を検討するポイントを確認しよう！

- ●本埜の特徴がでている。　●安いけど利益がある。
- ●安全である。　●交流ができる。

▶ 各班ごとに自分たちが考えたグリーンツーリズムをクラス全体に配り、検討してもらう。

■調査用紙2
【地域の資源からどんなことができるか考えよう！】

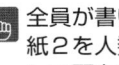

学習活動	支援・留意点

8-10時間目

企画書の検討・修正をしよう！（米のオーナー制度）

▶ 米のオーナー制度とは、できた米を売るのではなく、田んぼを貸して、田植えや草取り、稲刈りなどの農作業を体験してもらいながら、自分で世話をした米が食べられるという制度。普段は田んぼの持ち主である農家が手入れをする。

C：米のオーナーになるのに、契約する値段が安いんじゃないですか？
C：一定の広さで米がどのくらいとれるか量を調べて、値段を計算したので大丈夫です。
C：これは苗代も入っているんですか？
C：入っています。でも、オーナーは苗の世話もしてもらうわけだから、もうちょっと高くした方がいいかなあ？
C：これは種まきの時期からしかオーナーになれないんですか？それとも、いつでもオーナーになれるんですか？
C：んー…検討します。

▶ クラスで検討したことを踏まえながら、班で話し合い、企画書を完成させる。さらに、季節ごとに本埜村の地図を用意し、それぞれの季節で体験できるツアーを地図上に書き入れる。
班ごとに、役場の方への発表会に向けて、事前の練習時間をとり、発表に備えた。

■拡大した村の地図
■企画書

11時間目

本埜村役場の方に企画を提案しよう！

▶ 企画書のコピーを配布し、黒板に季節ごとの地図（春夏秋冬計4枚）を貼っておき、それを指しながら説明していく。

米班の発表に対する評価

〈よかったところ〉食べるだけでなく本埜の食材をPRしているところがよいです。オーナー制というのは他の地域でもやっており、よく勉強しています。都会の人が来たら、やりたいだろうなという企画書を書いています。最初にオーナー制を考えて、それをもとにして作れるものが書いてあるところがよい。

〈もう一歩工夫を！〉米のオーナー制度を含めて、いろいろな企画を1つにまとめていくことが必要です。そのためにも、班のみんなの思いを1つにして一丸となってこうした企画をさらに深めていってもらえればと思います。産業課でもいろいろな企画を考えておりますが、この企画書は私たちの今後の参考になると思います。

説得力が出るように、原稿を見ずに説明するようにさせる。

Message …授業を終えて…

　アンケートによると、子どもたちは、自分たちの地域が大好きだった。しかし、グリーンツーリズムになる資源を探す過程において、子どもたちは地域のことを知らないことに気づく。子どもたちはがっかりするが、調べていくうちに、地域独自のものをみつけ、自分の地域って意外にすごいんじゃないのかと地域を誇れる気持ちにつながっていった。そこで鍵になったのが、その土地で生産されるその作物である。子どもたちはその土地で採れる作物を入り口に、地域を知っていったように思う。また、そこから自分も地域にかかわりたい、地域の産業にかかわっていきたいと思うことにもつながってきた。人との交流やグリーンツーリズムに関連した仕事につきたいといった子どももいた。食は地域をみせる鍵になる可能性を秘めているとこの授業で感じた。

NPO法人企業教育研究会　　赤池　香澄

　田舎には自然・文化・食等、独自性の強いものがあり、そこに暮らす人々がいる。GT事業とは、田舎の暮らしをいかに着色せずに伝えられるかどうかだと思う。その土地で、その季節にしかない食材を使い食する。独特の文化や風習に直接触れ、その地域でしか体験できないことを体験することはおもしろい。しかし地域の人々はそれが魅力的であることに気づいていない。このような試みは、ふるさとの魅力をあらためて発見し、地域を愛する心を育てるだろう。

徳島県勝浦郡勝浦町産業建設課　　笠木　義弘

　「ふれあいの里さかもと」は、廃校となった小学校を活用し、地域住民が中心となり運営している農村体験宿泊施設です。地元のおじさんやおばさんが指導し、自然などを生かしたこんにゃく作り、豆腐作り、草木染め、炭焼き、わら草履作りなどの体験事業などを実施し、都市と農村との交流や小学校の校外学習などに一役買っています。また、料理も、地元で採れた野菜などを使い、地産地消を実践しています。

徳島県勝浦郡勝浦町　ふれあいの里さかもと　　新居　正志

大好きな自分たちのまちを元気にするグリーンツーリズムを提案しよう！

児童の感想

● 最初の授業の感想…自分たちの住んでいる所って知っているようで、意外と知らないんだなぁと実感しました。少し情けなく思いました。まず、私が思い浮かべたのは「白鳥」、次に「米」でした。本埜の米はおいしいことをアピールするために、役場では「本埜米」をつくり出していてまだ売られていないと言っていたので早く売り出して村のかっせい化につながり米がおいしいことが全国に知られればいいのになと思います。
最後の感想…私は本埜村の特長と言われるとただ白鳥しか思いつかなかったけれど今はとつぜん本埜の特長は？と聞かれたらすぐ、答えられます。昔からあるていどいなかが好きだったけど、今は…いなかが前より好きになった気がします。

● 最初の授業の感想…今日の授業で田舎ってやっぱりいいなーと思った。なぜかというと、色々な文化みたいなものがあったりしていいと思った。でも本埜は考えてみるとあまりないと思った。
最後の感想…ぼくはグリーンツーリズムの授業をやって自然がなかったら食べものや遊びができないんだなと思った。そしてその自然がたくさんある本埜村だから、めずらしい食べもののザリガニなどが食べられるのだと思う。それと自然はあたりまえだと思っていたけれど、自然が今は少ないから大切にしようというような考えに変わったのでよかった。

　旅を紹介するテレビ番組は必ず1日にどこかのテレビ局で放映されているといっても過言ではない。こうした旅番組に食は欠かせない。「食」は人々にとって楽しみの一つなのである。しかし、若い世代の「食」に対するアンケート調査の中で「食べることはあまり好きだと感じない。」と答えている割合が少なくないという嘆かわしい結果が出ており、食育を推進するためにも「食べることを楽しい」と思える子どもたちを育成する必要を感じる。
　さて、「グリーンツーリズム」という聞き慣れない言葉で始まったこの授業。本埜村に滞在して旅を楽しむ企画を立てたのだが、旅番組と同様、この企画にも「食」というものが当然入ってきた。
　本埜米、いちご、トマト、珍しい所ではザリガニ等々さまざまな食材があげられ、それを用いたさまざまな「食」の企画を考え出していった。この過程において子どもたちはとても生き生きと活動し、「食」を楽しむことができた。これも一つの食育の形である。さまざまな角度から食育の授業が実践できるよう今後も授業開発に励みたい。

千葉県富里市教育委員会　指導主事　　古谷　成司
（元千葉県印旛郡本埜村立本埜第二小学校教諭）

授業データ

執筆　川崎　雅子

学　　年：中学1年生〜中学3年生
教　　科：家庭科
　　　　　●食品の選択と調理
授業時間：3時間

実　践　校：千葉県習志野市立第一中学校　1年

＊大単元「健康的に食べる」
　全25時間の中の3時間

食品の賢い選択をしよう！

協力企業名：イオン株式会社

授業概要

この授業は、イオン株式会社の協力を得て、消費者としての賢い目を養うことを目的として行った。前半は、豆腐や野菜を題材に、食品添加物の種類と役割や成分表示、QRコードなどからの情報の受け取り方を学び、後半は、ごみを減らすための企業の取り組みを学んだ。これらの学びを通して、生徒たちが消費者としてできることを考えるきっかけとする。

授業のねらい

- 食品添加物の効果や表示の決まりを知り、消費者として、食品を適切に選択できる目を養う。
- 食品を扱う企業が、食料廃棄量を減らす工夫や環境への配慮として努力していることを学び、消費者としてできることに気づく。

指導計画

時間	学習活動	支援・留意点
1・2時間目	**食品の情報を知ろう！** ① 豆腐の作り方や、豆腐の成分表示から豆腐の原料及び添加物について知る。 ② 添加物の例としてにがりを試食する。 ③ 大豆加工食品に携わる担当者から、商品開発の様子や添加物を使用する目的を知る。 ④ 食品成分表示に書かれていることを観察し、決まりを知る。 ⑤ 成分表示に対するイオン独自の取り組みを知る。 ⑥ 野菜に付けられているQRコードを読み取り、どのような情報がわかるのかを知る。	成分表示の異なる加工食品を数種類用意。 食品添加物を知るために、にがりを用意。 ■豆腐生産者を取材したビデオ 成分表示だけでなく、QRコードからも食品の情報が得られることに気づかせる。
3時間目	**環境に配慮した消費者になろう！** ⑦ 食品のごみに対する、企業の取り組みを知ることで、自分たちが賢い消費をするためにどのようなことが必要か考える。	牛乳パック・アルミ缶・ペットボトルなどのリサイクル商品を知る。

食品の賢い選択をしよう！

授業の実際

T：教師（授業者）　C：子ども

1・2時間目　食品の情報を知ろう！

学習活動	支援・留意点
10分　加工食品の原料を知ろう！ T：今日は、消費者であるみなさんが、食べ物の買い物をするときに、どういうことに気をつければいいかということを考えるためにイオン株式会社の仲元さんに来ていただきました。 **仲元さん**：よろしくお願いします。今日は豆腐で学んでいこうと思い、持ってきました。原材料名と書いているところを見てください。 C：大豆／消泡剤／凝固剤。	■パック入り豆腐
10分　にがりを体験しよう！ ▶大豆の植物性タンパクを固めるために凝固剤としてのにがりが必要であることを、豆腐の作りの工程をビデオで紹介しながら伝える。 **仲元さん**：凝固剤というのは、にがりのことでしたね。 T：にがりを見たことある人いますか？ C：料理に使う。 T：何の料理に使うの？ C：わからない。／味噌汁に入れる。 T：仲元さんににがりを持ってきていただきましたので、ちょっとなめてみてください。 **仲元さん**：すごく苦いので、気をつけてくださいね。 C：ピリ辛みたいな感じ／うっ…／思ったよりは大丈夫！ T：原料の大豆のほかの、凝固剤としてのにがりや消泡剤などを食品添加物といいます。教科書にいろいろな添加物が書いてあるので、どのようなものがあるか確認しましょう。	■ビデオ ■にがり 教科書で添加物の名称や役割を確認する。
35分　加工食品を作っている人の話を聞こう！ T：豆腐のような食品を加工食品と言いましたね。今回は、イオン株式会社で大豆の加工食品を作っている杉山さんにお話を聞いてきましたので、ビデオを見てみましょう。	

139

学習活動	支援・留意点
 ビデオ映像 **Q:仕事をする際にいちばん気をつけていることは?** 杉山さん：食品ですので、商品の安全性がいちばん重要だと思います。安全性という点ではその商品に使われる原材料や作られる工場も安全かどうかということをきちんとチェックしています。 **Q:安全性のほかに気をつけていることは?** 杉山さん：やはり食品ですので「おいしい」ということが重要です。社内モニターや店頭でのテスト販売などで意見を聞き、改善を繰り返しています。また、おいしいというだけでなく、よりカルシウムを強化したりとか、他の栄養素を普段食べる豆腐や納豆から摂取できるようにしたりとか、栄養価やカロリーということも計算していますし、そのような商品を開発することもしています。 **Q:何のために添加物を使っているのですか?** 杉山さん：日本人の食生活の変化や商品の流通手段が大きく変化しました。それに対応して、商品を大量に生産したり、広範囲に販売したりしていますので、豆腐では、大豆を煮るときに出る「あく」を削除し、すくい取る手間を省くために、消泡剤を使っています。	■ビデオ 大豆加工食品を作っている杉山さんに、仕事をする際に気をつけていることや大切にしていること、流通上や加工の過程で添加物を使う必要性などを取材したもの。

5分　添加物の安全性はどうやって確保しているの？

T：ビデオにあったように、高速道路などが発達して、作ったものを遠くに出荷することができるようになったことで、商品の安全性をどのように保つかも重要になってきました。遠くまで運んでいる間に味が変わったり、腐ったりしないように添加物を用いて対応することになると、その添加物が私たちの体にいいものかどうか、安全性を確保することが大切になってきます。では、そのような添加物の安全性を誰が、どのように確認していると思いますか？

C：工場の人が試食？

T：試食をするのは動物たちです。

C：そうなの？

T：食品添加物というのは、まず、動物実験をして、安全性が確認できてから食品に使われます。

食品の賢い選択をしよう！

学習活動	支援・留意点

15分　食品表示の決まりを知ろう！

T：でも、安全だと思われていた添加物も、長い年月の間には、害がないとはいえないものもありました。ですから、添加物を使ったら、必ず伝えなければいけないことになっています。そのことについて仲元さんに教えていただきましょう。

仲元さん：食品添加物の種類は多く、生産者が表示をしなければならない法律があり、記載方法が細かく決められています。原材料名のところに多い順に書くことになっています。また、凝固剤としてのにがりは、法律では具体的な科学物質名まで表示する義務は今のところありません。凝固剤というふうに一括表示で書けばいいということになっています。でも、最近は消費者の方がどんなものを使っているのか不安に思う方が増えていますので、生産者が自分の意思で細かく表示をするということが認められています。また、本当に微量で商品として売られるときには消えてなくなるようなものは、実際は使っていても、表示する義務がないものもあります。

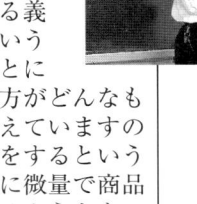

T：他に表示の義務があるものはありますか？

仲元さん：卵・牛乳・小麦・落花生・そばの5品目のアレルギー物質は表示を義務付けられています。その他に、表示化を進めているものが19品目あります。アレルギーを持っている人が増えているので生産者の側で義務付けられていないアレルギー物質でもイオンでは「親切表示」として、積極的に表示するようにしています。

T：「親切表示」についてもう少し教えてください。

仲元さん：決められている5つ以外でもさまざまなアレルギーをもっている方から要望がありますので、使っている原材料は全て表示をします。いろんな調味料を使った加工品などは、調味料の原材料も全部調べて、どんなに微量でも表示するようにしています。

141

学習活動	支援・留意点
原材料表示を見るときにアレルギー物質についても見るようにしてください。	

15分　QRコードを体験しよう！

T：成分表示以外でも生産者から消費者へ発信している情報があります。ここに小松菜を持ってきました。これは生鮮食品ですが、ここにQRコードと呼ばれるバーコードがあります。これは何に使うか知っていますか？

C：HPとかにアクセスできる。

T：これは携帯電話で気軽に情報を知ることができるものです。どんな情報がわかると思いますか？

　　👆 携帯電話を使ってQRコードを読み取り、出てきた情報をスクリーンに写す。

C：誰が作ったか。／どこで作ったか。

T：では、実際に見てみましょう。

T：このように携帯電話で簡単にいろんな情報が読み取れることで、買い物中に気になったことを調べることができます。野菜の他にも牛肉や鶏肉についても情報を見ることができます。

▶この授業の終わりにあたって、イオンでは、地元の引喜飴や山田せんべいなど伝統的な職人技で作られていたお菓子の後継者を育て、販売する場を提供し、地域の生産者の方と一緒に昔ながらの食文化を残していこうという取り組みもしていることが紹介された。

3時間目　環境に配慮した消費者になろう！

学習活動	支援・留意点

15分　ごみの量を知ろう！

▶4人家族が1日に出す平均的な量である約1kgの生ごみを入れた袋を提示し、黒板に、1,135万トン（食品メーカーや流通業者、外食産業から出るごみ）と1,185万トン（家庭から出るごみ）の数字を記載した掲示用資料を貼る。

👆 生ごみ1kgを準備する。

■掲示用資料

T：さて、この数字は何の数字だと思いますか？

C：日本と世界のごみの量？

食品の賢い選択をしよう！

学習活動	支援・留意点
T：実は、上が食品メーカーや流通業者、外食産業から出る1年間のごみの量で1,135万トンです。下が全国の家庭から出るごみの量で1,185万トンです。ただ、家庭ごみの量は調べるのがとても難しいので推量で出していますが、想像できますか？ 今日はこの学校の近くにある流通業者の1つとしてのジャスコ津田沼店の小林さんに来ていただいて、食品売り場でのごみを減らす工夫について勉強します。 小林さん：イオン株式会社ジャスコ津田沼店の小林です。よろしくお願いします。 T：さっそくですが、ジャスコ食品売り場での「ごみ」というのは、どのようなものがありますか？ 小林さん：大きく分けると、売れなかった商品の廃棄処分と、もう1つは売れないもの。例えば、魚を刺身や切り身に加工した後の頭や内臓、また、包装資材、牛乳パック、ラップなどですね。 T：お店では、食品の売れ残りがごみになってしまうことも問題です。 では、クイズです。 ジャスコ津田沼店ではこの半年間で何円分の売れ残りが出たでしょうか。 ①約36万円　②約360万円　③約3,600万円 ▶生徒は店舗規模と金額の実感が把握できない様子だったが、小林さんから約3,600万円との解答を聞くと、その大変な実態に驚きの声をあげる。 小林さん：この額は食品全体の売上げの0.8％になります。イオンではどうしても出てしまう売れ残りを食品全体の売上げの1％に抑えるようにしています。 T：想像も付かない金額分の食品がごみになってしまっているそうです。ちなみに量に直すとどのくらいですか？ 小林さん：1日800kg。1カ月だと30倍で24トンのごみが出ています。	

学習活動	支援・留意点
25分　　企業のごみを減らしている工夫を考えよう！	■ワークシート

T：今みんなも驚いたように私たちが想像できないような金額のごみが出ています。そこでイオンではできるだけごみを減らすためにさまざまな工夫をしていますが、これから、みなさんに、さらにごみ減量につながる提案をしていただきたいと思います。はじめに自分自身で考えたものをワークシートに書いたあと、班で話し合い、提案してもらいます。

▶小林さんより現在店舗で工夫している一例として、魚や野菜のばら売りの様子とその理由（必要分だけの購入・包装材の削減）を紹介していただき、ヒントとした。

T：では、班ごとに発表してください。
C：安売りをする。理由は、あと少しで賞味期限が切れるってときになったら捨てるより買ってもらった方がいいから安売りする。

小林さん：賞味期限ぎりぎりで買っていただいてもお客様がすぐに食べるとは限りません。そのため商品には、賞味期限よりも前に、限度日や限度時間というのを設けていて、限度を過ぎたら店頭から撤去します。また、お弁当は作ってから5時間を限度時間としていますので、その前にゆとりを持って売価を見直すということをしています。

小林さんには、既にイオンで実施していることは、改めて紹介を、イオンで取り組んでいないことには、検討したいということを、可能性が低いことは、難しい理由を伝えてほしい旨をお願いしておく。

各班からの提案と小林さんのコメント要旨

各班からの提案	小林さんのコメント
●余分なものを作らないようにする。	◆そのとおりです。バーコードで商品の売れ行き情報を管理して対応しています。
●時々保存の利く商品のセールやつめ放題をする。	◆このような企画もしていますが、ゴミ減量というよりは、サービスの視点。
●同じ商品をたくさん買えば安くなるようにする。	◆ごみの削減の工夫というより、お客様が喜んでくださるという視点。
●売りたい食品に試食コーナーを置く。	◆そのとおりです。意識的に売りたい商品は、積極的に取り組みます。
●賞味期限が近いけど大丈夫そうなものを試食に出したり、タイムサービスを広告とかに載せたりして目立つようにする。	◆賞味期限が近いものを試食に回しているわけではありません。タイムサービス自体も「古い」からやっているわけではありません。
●何時ごろ作ったかを書いて新鮮さをアピールする。	◆パン売り場では焼き上がりに鐘を鳴らしてできたてをアピールしています。

▶提案後、ふれられなかった視点について次のような紹介もしていただいた。

学習活動	支援・留意点

◆販売状況をチェックし、肉や魚の切り身などで5枚パックの売れ行きが悪ければ、2枚と3枚のパックに分けて売るように対応している。
◆車で5分圏内の世帯数や家族構成なども大体年に2回調査し、お客に合わせた品揃えをすることでごみを減らすことにつなげている。
◆入り口に設置してあるピープルカウンターで、1日のどの時間帯に何人が来店しているか、パソコンで検索できる仕組みを取り入れている。

T：では、どうしても売れ残ってしまったものは、ただ捨てるしかないのでしょうか？
C：再利用する！／肥料！
T：そうですね。イオンでも教科書にあるような生ごみ処理機を導入して、できた肥料を、取引先の農家やお客様に配っているそうです。

教科書で生ごみ処理機の写真を見る。

5分 その他の企業の取り組みを知ろう！

▶ キリンビールやサッポロビール、アサヒビールなど工場系の企業での、ビールを造る過程で出る搾りかすを肥料にしたり、酵母を医薬品や食品として再利用したりなどのごみをゼロにする、ゼロエミッションという取り組みや、外食産業としてのマクドナルドの、作り置きをして10分経ったら捨てる、ということで速さを売りにしていたものを、ごみの減量とともによりおいしさを追求するとして、注文を受けてから作るようにし、2005年から全店がこの方式に変更したことなどを紹介。

5分 消費者としてできることは？

T：今まで企業のごみを減らす取り組みを紹介してきましたが、小林さんから消費者に協力してほしいことはありますか？

小林さんらのメッセージ

● 必要な量だけを買うこと。
● リサイクルとして、牛乳パックはトイレットペーパーに、アルミ缶は換気扇カバーに、ペットボトルはフィルターなどに再生できるので回収ボックスを活用してほしい。
● レジ袋の有料化も視野に入れながら、レジ袋削減に取り組んでいます。また、買い物袋持参運動をやっていて、マイバッグやマイバスケットを勧めています。

T：今日は企業の取り組みをみてきましたが、自治体も生ごみ処理機の購入に助成金を出すなどしています。みなさんも一人ひとりがごみを減らすために何ができるか考えていってください。

Message …授業を終えて…

　消費者として「食」にかかわるためには、食品を選択する能力がまず必要です。成分表示をどう見るのか、どのようなリスクがあり得るのか、意識したうえで消費をしてくれるといいと思います。また、消費には必ずごみの問題が付きまといます。賢い消費者としては食品のごみがどのくらい出ていて、どのように処理されているのか知る必要があると考えています。今回の授業が今後食品を選択するうえで役に立ってもらえたら嬉しいです。

　　　　　　NPO法人企業教育研究会　　川崎　雅子

　企業ではお客様が、食品を購入するために必要な情報を、さまざまな形で発信しています。また、安全な食品をお客様に提供できるよう法律に基づいた衛生基準や品質基準等を定め、日々努めています。
　食品を購入することは、子どもたちでも日常で行うことですし、また一生にかかわってくる消費活動でもあります。賢い消費とは、自分にとって必要な情報を理解し、取捨選択していくことと考えます。今回の授業を通して企業が出している情報とはどのようなものがあるのか、そしてその意味を学習することで、今後自ら取捨選択する力の一つとして身につけていってくれれば幸いです。

　　　　イオン株式会社　食品商品本部　　仲元　剛

　「地球」の豊かさを未来につなげていくために、店で取り組んでいる内容を理解してもらういい機会を与えていただきました。循環型社会の3R「ごみを出さない、何度でも使う、捨てずに再利用する」について、写真や現物を用い説明をさせていただきました。食生活を豊かにするためにも、こうした資源のリサイクルを合わせて考えていってほしいと思います。質問対話形式で授業をすすめ、子どもたちからも興味深い提案をしてもらいました。一人ひとりが小さな積み重ねを続けることで、活動の輪を、活動の範囲を広げることで、いっしょに地球温暖化を防げる、そう理解をしてもらえたと思います。

　　　イオン株式会社 関東カンパニー　京葉事業部　　小林　忠夫

食品の賢い選択をしよう！

児童の感想

- 普段買い物をするときに、成分表示は見ないで買っていたけれど、法律で決められていることや、消費者の立場でどうしたらいいかが書いてあってすごいと思ったし、QRコードやインターネットを使って、成分表示を出しているなどの工夫にもおどろいた。人に買ってもらうには、多くの工夫が必要なことがわかった。アレルギーのことが書いてあるなんて知らなかったので、ちゃんと消費者のことを考えているんだなと思った。これからは商品をみきわめられるような人になって、いい目をもって商品を買いたい。

- 今日の授業では、お客さんのために試食などの工夫や、店での工夫、環境にもつながる考えなどがよくわかりました。店でこんなたくさんの工夫がされているとは全く知らなかったけど、お客さんに喜んでもらえるように考えてくれているので買い物をする側はすごくうれしいと思います。わざわざ教えに来てくださり、ありがとうございました。

- 私は、時々家族でジャスコに買い物に行っています。いつも、いろんな品物を売っているので「すごいなあ」としか感じていなかったけど、いろんな工夫をしているんだなあと思いました。ごみもあんなに出ていたなんてビックリです。お肉や魚のトレイ、牛乳パックをいつも捨てずに近くのスーパーにお母さんが持って行っていたけれどそれはごみを減らすのにつながっているんだなあと思いました。今日はありがとうございました。

　家庭科の授業の中で、食品を選択する力を養うために、今回は指導計画を再検討して企業と連携した授業を試みた。企業における商品開発や流通・販売とごみについてなど我々教師が得ることができない時代の最先端の情報を得られたこの授業は、生徒にとり大変有意義な内容であった。また、教師にとっても良い刺激になり、今後またこのような実践ができれば、生徒にとって「生きる力」を育む授業として効果的ではないかと思った。

千葉県習志野市立第一中学校　教諭　　工藤　朝子

付録 食育基本法

食育基本法（平成十七年法律第六十三号）

目次

前文

 第一章　総則（第一条―第十五条）

 第二章　食育推進基本計画等（第十六条―第十八条）

 第三章　基本的施策（第十九条―第二十五条）

 第四章　食育推進会議等（第二十六条―第三十三条）

附則

【前文】

　二十一世紀における我が国の発展のためには、子どもたちが健全な心と身体を培い、未来や国際社会に向かって羽ばたくことができるようにするとともに、すべての国民が心身の健康を確保し、生涯にわたって生き生きと暮らすことができるようにすることが大切である。

　子どもたちが豊かな人間性をはぐくみ、生きる力を身に付けていくためには、何よりも「食」が重要である。今、改めて、食育を、生きる上での基本であって、知育、徳育及び体育の基礎となるべきものと位置付けるとともに、様々な経験を通じて「食」に関する知識と「食」を選択する力を習得し、健全な食生活を実践することができる人間を育てる食育を推進することが求められている。もとより、食育はあらゆる世代の国民に必要なものであるが、子どもたちに対する食育は、心身の成長及び人格の形成に大きな影響を及ぼし、生涯にわたって健全な心と身体を培い豊かな人間性をはぐくんでいく基礎となるものである。

　一方、社会経済情勢がめまぐるしく変化し、日々忙しい生活を送る中で、人々は、毎日の「食」の大切さを忘れがちである。国民の食生活においては、栄養の偏り、不規則な食事、肥満や生活習慣病の増加、過度の痩身志向などの問題に加え、新たな「食」の安全上の問題や、「食」の海外への依存の問題が生じており、「食」に関する情報が社会に氾濫する中で、人々は、食生活の改善の面からも、「食」の安全の確保の面からも、自ら「食」のあり方を学ぶことが求められている。また、豊かな緑と水に恵まれた自然の下で先人からはぐくまれてきた、地域の多様性と豊かな味覚や文化の香りあふれる日本の「食」が失われる危機にある。

　こうした「食」をめぐる環境の変化の中で、国民の「食」に関する考え方を育て、健全な食生活を実現することが求められるとともに、都市と農山漁村の共生・対流を進め、「食」に関する消費者と生産者との信頼関係を構築して、地域社会の活性化、豊かな食文化の継承及び発展、環境と調和のとれた食料の生産及び消費の推進並びに食料自給率の向上に寄与することが期待されている。

　国民一人一人が「食」について改めて意識を高め、自然の恩恵や「食」に関わる人々の様々な活動への感謝の念や理解を深めつつ、「食」に関して信頼できる情報に基づく適切な判断を行う能力を身に付けることによって、心身の健康を増進する健全な食生活を実践するために、今こそ、家庭、学校、保育所、地域等を中心に、国民運動として、食育の推進に取り組んでいくことが、我々に課せられている課題である。さらに、食育の推進に関する我が国の取組が、海外との交流等を通じて食育に関して国際的に貢献することにつながることも期待される。

　ここに、食育について、基本理念を明らかにしてその方向性を示し、国、地方公共団体及び国民の食育の推進に関する取組を総合的かつ計画的に推進するため、この法律を制定する。

第一章　総則

(目的)
第一条　この法律は、近年における国民の食生活をめぐる環境の変化に伴い、国民が生涯にわたって健全な心身を培い、豊かな人間性をはぐくむための食育を推進することが緊要な課題となっていることにかんがみ、食育に関し、基本理念を定め、及び国、地方公共団体等の責務を明らかにするとともに、食育に関する施策の基本となる事項を定めることにより、食育に関する施策を総合的かつ計画的に推進し、もって現在及び将来にわたる健康で文化的な国民の生活と豊かで活力ある社会の実現に寄与することを目的とする。

(国民の心身の健康の増進と豊かな人間形成)
第二条　食育は、食に関する適切な判断力を養い、生涯にわたって健全な食生活を実現することにより、国民の心身の健康の増進と豊かな人間形成に資することを旨として、行われなければならない。

(食に関する感謝の念と理解)
第三条　食育の推進に当たっては、国民の食生活が、自然の恩恵の上に成り立っており、また、食に関わる人々の様々な活動に支えられていることについて、感謝の念や理解が深まるよう配慮されなければならない。

(食育推進運動の展開)
第四条　食育を推進するための活動は、国民、民間団体等の自発的意思を尊重し、地域の特性に配慮し、地域住民その他の社会を構成する多様な主体の参加と協力を得るものとするとともに、その連携を図りつつ、あまねく全国において展開されなければならない。

(子どもの食育における保護者、教育関係者等の役割)
第五条　食育は、父母その他の保護者にあっては、家庭が食育において重要な役割を有していることを認識するとともに、子どもの教育、保育等を行う者にあっては、教育、保育等における食育の重要性を十分自覚し、積極的に子どもの食育の推進に関する活動に取り組むこととなるよう、行われなければならない。

(食に関する体験活動と食育推進活動の実践)
第六条　食育は、広く国民が家庭、学校、保育所、地域その他のあらゆる機会とあらゆる場所を利用して、食料の生産から消費等に至るまでの食に関する様々な体験活動を行うとともに、自ら食育の推進のための活動を実践することにより、食に関する理解を深めることを旨として、行われなければならない。

(伝統的な食文化、環境と調和した生産等への配意及び農山漁村の活性化と食料自給率の向上への貢献)
第七条　食育は、我が国の伝統のある優れた食文化、地域の特性を生かした食生活、環境と調和のとれた食料の生産とその消費等に配意し、我が国の食料の需要及び供給の状況についての国民の理解を深めるとともに、食料の生産者と消費者との交流等を図ることにより、農山漁村の活性化と我が国の食料自給率の向上に資するよう、推進されなければならない。

(食品の安全性の確保等における食育の役割)
第八条　食育は、食品の安全性が確保され安心して消費できることが健全な食生活の基礎であることにかんがみ、食品の安全性をはじめとする食に関する幅広い情報の提供及びこれについての意見交換が、食に関する知識と理解を深め、国民の適切な食生活の実践に資することを旨として、国際的な連携を図りつつ積極的に行われなければならない。

(国の責務)
第九条　国は、第二条から前条までに定める食育に関する基本理念（以下「基本理念」という。）にのっとり、食育の推進に関する施策を総合的かつ計画的に策定し、及び実施する責務を有する。

(地方公共団体の責務)
第十条　地方公共団体は、基本理念にのっとり、食育の推進に関し、国との連携を図りつつ、その地方公共団体の区域の特性を生かした自主的な施策を策定し、及び実施する責務を有する。

(教育関係者等及び農林漁業者等の責務)
第十一条　教育並びに保育、介護その他の社会福祉、医療及び保健（以下「教育等」という。）に関する職務に従事する者並びに教育等に関する関係機関及び関係団体（以下「教育関係者等」という。）は、食に関する関心及び理解の増進に果たすべき重要な役割にかんがみ、基本理念にのっとり、あらゆる機会とあらゆる場所を利用して、積極的に食育を

推進するよう努めるとともに、他の者の行う食育の推進に関する活動に協力するよう努めるものとする。
2　農林漁業者及び農林漁業に関する団体(以下「農林漁業者等」という。)は、農林漁業に関する体験活動等が食に関する国民の関心及び理解を増進する上で重要な意義を有することにかんがみ、基本理念にのっとり、農林漁業に関する多様な体験の機会を積極的に提供し、自然の恩恵と食に関わる人々の活動の重要性について、国民の理解が深まるよう努めるとともに、教育関係者等と相互に連携して食育の推進に関する活動を行うよう努めるものとする。

(食品関連事業者等の責務)
第十二条　食品の製造、加工、流通、販売又は食事の提供を行う事業者及びその組織する団体(以下「食品関連事業者等」という。)は、基本理念にのっとり、その事業活動に関し、自主的かつ積極的に食育の推進に自ら努めるとともに、国又は地方公共団体が実施する食育の推進に関する施策その他の食育の推進に関する活動に協力するよう努めるものとする。

(国民の責務)
第十三条　国民は、家庭、学校、保育所、地域その他の社会のあらゆる分野において、基本理念にのっとり、生涯にわたり健全な食生活の実現に自ら努めるとともに、食育の推進に寄与するよう努めるものとする。

(法制上の措置等)
第十四条　政府は、食育の推進に関する施策を実施するため必要な法制上又は財政上の措置その他の措置を講じなければならない。

(年次報告)
第十五条　政府は、毎年、国会に、政府が食育の推進に関して講じた施策に関する報告書を提出しなければならない。

第二章　食育推進基本計画等

(食育推進基本計画)
第十六条　食育推進会議は、食育の推進に関する施策の総合的かつ計画的な推進を図るため、食育推進基本計画を作成するものとする。
2　食育推進基本計画は、次に掲げる事項について定めるものとする。

一　食育の推進に関する施策についての基本的な方針
　　　二　食育の推進の目標に関する事項
　　　三　国民等の行う自発的な食育推進活動等の総合的な促進に関する事項
　　　四　前三号に掲げるもののほか、食育の推進に関する施策を総合的かつ計画的に推進するために必要な事項
　　3　食育推進会議は、第一項の規定により食育推進基本計画を作成したときは、速やかにこれを内閣総理大臣に報告し、及び関係行政機関の長に通知するとともに、その要旨を公表しなければならない。
　　4　前項の規定は、食育推進基本計画の変更について準用する。

（都道府県食育推進計画）
第十七条　都道府県は、食育推進基本計画を基本として、当該都道府県の区域内における食育の推進に関する施策についての計画（以下「都道府県食育推進計画」という。）を作成するよう努めなければならない。
　　2　都道府県（都道府県食育推進会議が置かれている都道府県にあっては、都道府県食育推進会議）は、都道府県食育推進計画を作成し、又は変更したときは、速やかに、その要旨を公表しなければならない。

（市町村食育推進計画）
第十八条　市町村は、食育推進基本計画（都道府県食育推進計画が作成されているときは、食育推進基本計画及び都道府県食育推進計画）を基本として、当該市町村の区域内における食育の推進に関する施策についての計画（以下「市町村食育推進計画」という。）を作成するよう努めなければならない。
　　2　市町村（市町村食育推進会議が置かれている市町村にあっては、市町村食育推進会議）は、市町村食育推進計画を作成し、又は変更したときは、速やかに、その要旨を公表しなければならない。

第三章　基本的施策

（家庭における食育の推進）
第十九条　国及び地方公共団体は、父母その他の保護者及び子どもの食に対する関心及び理解を深め、健全な食習慣の確立に資するよう、親子で参加する料理教室その他の食事についての望ましい習慣を学びながら食を楽しむ機会の提供、健康美に関する知識の啓発その他の適切な栄養管理に関する知識の普及及び情報の提供、妊産婦に対する栄養指導又は乳幼児をはじめとする子どもを対象とする発達段階に応じた栄養指導

その他の家庭における食育の推進を支援するために必要な施策を講ずるものとする。

(学校、保育所等における食育の推進)
第二十条　国及び地方公共団体は、学校、保育所等において魅力ある食育の推進に関する活動を効果的に促進することにより子どもの健全な食生活の実現及び健全な心身の成長が図られるよう、学校、保育所等における食育の推進のための指針の作成に関する支援、食育の指導にふさわしい教職員の設置及び指導的立場にある者の食育の推進において果たすべき役割についての意識の啓発その他の食育に関する指導体制の整備、学校、保育所等又は地域の特色を生かした学校給食等の実施、教育の一環として行われる農場等における実習、食品の調理、食品廃棄物の再生利用等様々な体験活動を通じた子どもの食に関する理解の促進、過度の痩身又は肥満の心身の健康に及ぼす影響等についての知識の啓発その他必要な施策を講ずるものとする。

(地域における食生活の改善のための取組の推進)
第二十一条　国及び地方公共団体は、地域において、栄養、食習慣、食料の消費等に関する食生活の改善を推進し、生活習慣病を予防して健康を増進するため、健全な食生活に関する指針の策定及び普及啓発、地域における食育の推進に関する専門的知識を有する者の養成及び資質の向上並びにその活用、保健所、市町村保健センター、医療機関等における食育に関する普及及び啓発活動の推進、医学教育等における食育に関する指導の充実、食品関連事業者等が行う食育の推進のための活動への支援等必要な施策を講ずるものとする。

(食育推進運動の展開)
第二十二条　国及び地方公共団体は、国民、教育関係者等、農林漁業者等、食品関連事業者等その他の事業者若しくはその組織する団体又は消費生活の安定及び向上等のための活動を行う民間の団体が自発的に行う食育の推進に関する活動が、地域の特性を生かしつつ、相互に緊密な連携協力を図りながらあまねく全国において展開されるようにするとともに、関係者相互間の情報及び意見の交換が促進されるよう、食育の推進に関する普及啓発を図るための行事の実施、重点的かつ効果的に食育の推進に関する活動を推進するための期間の指定その他必要な施策を講ずるものとする。
　　2　国及び地方公共団体は、食育の推進に当たっては、食生活の改善のための活動その他の食育の推進に関する活動に携わるボランティア

が果たしている役割の重要性にかんがみ、これらのボランティアとの連携協力を図りながら、その活動の充実が図られるよう必要な施策を講ずるものとする。

（生産者と消費者との交流の促進、環境と調和のとれた農林漁業の活性化等）
第二十三条　国及び地方公共団体は、生産者と消費者との間の交流の促進等により、生産者と消費者との信頼関係を構築し、食品の安全性の確保、食料資源の有効な利用の促進及び国民の食に対する理解と関心の増進を図るとともに、環境と調和のとれた農林漁業の活性化に資するため、農林水産物の生産、食品の製造、流通等における体験活動の促進、農林水産物の生産された地域内の学校給食等における利用その他のその地域内における消費の促進、創意工夫を生かした食品廃棄物の発生の抑制及び再生利用等必要な施策を講ずるものとする。

（食文化の継承のための活動への支援等）
第二十四条　国及び地方公共団体は、伝統的な行事や作法と結びついた食文化、地域の特色ある食文化等我が国の伝統のある優れた食文化の継承を推進するため、これらに関する啓発及び知識の普及その他の必要な施策を講ずるものとする。

（食品の安全性、栄養その他の食生活に関する調査、研究、情報の提供及び国際交流の推進）
第二十五条　国及び地方公共団体は、すべての世代の国民の適切な食生活の選択に資するよう、国民の食生活に関し、食品の安全性、栄養、食習慣、食料の生産、流通及び消費並びに食品廃棄物の発生及びその再生利用の状況等について調査及び研究を行うとともに、必要な各種の情報の収集、整理及び提供、データベースの整備その他食に関する正確な情報を迅速に提供するために必要な施策を講ずるものとする。
　２　国及び地方公共団体は、食育の推進に資するため、海外における食品の安全性、栄養、食習慣等の食生活に関する情報の収集、食育に関する研究者等の国際的交流、食育の推進に関する活動についての情報交換その他国際交流の推進のために必要な施策を講ずるものとする。

第四章　食育推進会議等

（食育推進会議の設置及び所掌事務）
第二十六条　内閣府に、食育推進会議を置く。
　　　2　食育推進会議は、次に掲げる事務をつかさどる。
　　　　一　食育推進基本計画を作成し、及びその実施を推進すること。
　　　　二　前号に掲げるもののほか、食育の推進に関する重要事項について審議し、及び食育の推進に関する施策の実施を推進すること。

（組織）
第二十七条　食育推進会議は、会長及び委員二十五人以内をもって組織する。

（会長）
第二十八条　会長は、内閣総理大臣をもって充てる。
　　　2　会長は、会務を総理する。
　　　3　会長に事故があるときは、あらかじめその指名する委員がその職務を代理する。

（委員）
第二十九条　委員は、次に掲げる者をもって充てる。
　　　　一　内閣府設置法（平成十一年法律第八十九号）第九条第一項に規定する特命担当大臣であって、同項の規定により命を受けて同法第四条第一項第十七号に掲げる事項に関する事務及び同条第三項第二十七号の三に掲げる事務を掌理するもの（次号において「食育担当大臣」という。）
　　　　二　食育担当大臣以外の国務大臣のうちから、内閣総理大臣が指定する者
　　　　三　食育に関して十分な知識と経験を有する者のうちから、内閣総理大臣が任命する者
　　　2　前項第三号の委員は、非常勤とする。

（委員の任期）
第三十条　前条第一項第三号の委員の任期は、二年とする。ただし、補欠の委員の任期は、前任者の残任期間とする。
　　　2　前条第一項第三号の委員は、再任されることができる。

（政令への委任）
第三十一条　この章に定めるもののほか、食育推進会議の組織及び運営に関し必要な事項は、政令で定める。

（都道府県食育推進会議）
第三十二条　都道府県は、その都道府県の区域における食育の推進に関して、都道府県食育推進計画の作成及びその実施の推進のため、条例で定めるところにより、都道府県食育推進会議を置くことができる。
　　　２　都道府県食育推進会議の組織及び運営に関し必要な事項は、都道府県の条例で定める。

（市町村食育推進会議）
第三十三条　市町村は、その市町村の区域における食育の推進に関して、市町村食育推進計画の作成及びその実施の推進のため、条例で定めるところにより、市町村食育推進会議を置くことができる。
　　　２　市町村食育推進会議の組織及び運営に関し必要な事項は、市町村の条例で定める。

　　附　　則

（施行期日）
第一条　この法律は、公布の日から起算して一月を超えない範囲内において政令で定める日から施行する。

（内閣府設置法の一部改正）
第二条　内閣府設置法の一部を次のように改正する。
　　　第四条第一項に次の一号を加える。
　　　十七　食育の推進を図るための基本的な政策に関する事項
　　　第四条第三項第二十七号の二の次に次の一号を加える。
　　　二十七の三　食育推進基本計画（食育基本法（平成十七年法律第六十三号）第十六条第一項に規定するものをいう。）の作成及び推進に関すること。

　　　　第四十条第三項の表中

| 少子化社会対策会議 | 少子化社会対策基本法 |

　を

| 食育推進会議 | 食育基本法 |
| 少子化社会対策会議 | 少子化社会対策基本法 |

　に改める。

編著者紹介

藤川　大祐（ふじかわ　だいすけ）

1965年東京生まれ
東京大学大学院博士課程、金城学院大学助教授、千葉大学教育学部助教授等を経て、
2007年より千葉大学教育学部准教授（教育方法学、授業実践開発）

NPO法人企業教育研究会理事長、教育貢献活動推進協議会理事長ほか、NPO法人全国教室ディベート連盟常任理事、NPO法人芸術家と子どもたち理事等をつとめ、メディアリテラシー教育、キャリア教育、ディベート教育、算数・数学、総合的学習等、さまざまな教科・領域における新しい授業づくりに取り組む。

主な著書
『メディアリテラシー教育の実践事例集』
『授業分析の基礎技術』
『やるぞ!!中学数学ワークシート（全3巻）』
　　　　　　（以上、学事出版）
『企業とつくる授業』
『企業とつくるキャリア教育』
　　　　　　（以上、教育同人社）
『広告！しる・みる・つくる（全5巻）』
　　　　　　（学習研究社）

〈執筆者〉

NPO法人企業教育研究会

藤川　大祐
川崎　雅子
赤池　香澄
社澤　一史

―執筆協力―

佐藤　正寿	蔵満　逸司	古谷　成司	糸井　登	桑原　朱美
長澤　和子	大西　武	林　宏	麦田　裕之	笠木　義弘
新居　正志	仲元　剛	小林　忠夫	工藤　朝子	野崎　善之
広田早智子	石井　和恵	長谷川恵美	山田　真季	（掲載順・敬称略）

● 本書掲載の授業または、授業の実施については、NPO法人 企業教育研究会にご相談ください。

　　　　　TEL　　03 − 5452 − 2777（食育授業支援事務局）
　　　　　FAX　　020 − 4663 − 5605
　　　　E-mail　　info@ace-npo.org
　　ホームページ　　http://ace-npo.org/

子どもが変わる　成果がみえる
企業とつくる食育
すぐ取り組めるワークシートつき
インターネットコンテンツの楽しい教材や体験を
取り入れたおススメ！実践事例

2007年4月1日　初版　第1刷

編　者　藤川　大祐
著　者　NPO法人 企業教育研究会
デザイン　清見　健一／松原　悦子
イラスト　岸本　眞弓
編　集　佐久間　逸子
発行人　森　重治
発行所　株式会社　教育同人社
　　　　〒170-0013　東京都豊島区東池袋4-28-9
　　　　TEL　03 (3971) 5151
印刷・製本所　東京書籍印刷株式会社
© 2007　NPO法人 企業教育研究会
Printed in Japan　ISBN978-4-87384-105-2